D.カーネギー協会◆編
片山陽子◆訳

D.カーネギーの対人力

Dale Carnegie
Win Trust and Influence People

JN299366

創元社

Win Trust and Influence People
By Dale Carnegie & Associates, Inc.

Publication exclusively licensed and arranged by JMW Group Inc.,
Larchmont, New York
through Japan UNI Agency, Inc., Tokyo.

D・カーネギーの対人力◆目次

このシリーズを読む人のために――デール・カーネギーについて◆007

はじめに◆011

第1章 そう、あなたもカリスマになれる◆017

人柄は習得できる◆018
明るく楽観的であれ◆020
微笑みをたやさない◆021
カリスマは熱い人である◆025
カリスマは目立つ人である◆032
堂々と発言する◆033
他人の目標に関心をしめす◆034
仕事を自ら買って出る◆035
専門家組織で活動する◆036
他人の美点を探す◆037
自立の習慣をつける◆038
人と違うことを恐れない◆039
ビジネスを引き寄せる人になる◆041
まとめ◆043

第2章 友をつくり、友を失わない◆047

人に関心をもつ◆048
人の気持ちを思いやる◆049
名前を呼ぶ◆050
個人としてのその人を知る◆051
功績を認める◆052
ほめ言葉を文字にする◆053
人の名前をおぼえる◆054
正直な、心のこもった感謝の言葉やほめ言葉をおくる◆062
ほめて、伸ばす◆066
批判せず、非難せず、小言を言わない◆068
まとめ◆071

第3章 協調・協力・協同 ◆073

人に何かを与える◆074　職場に協力関係をつくる◆075　チームを育てる◆077
協同体制が思考力を刺激する◆078　協同体制がやる気をかき立てる◆079　私生活での協同体制◆080
人を育てる環境をつくる◆082　協力関係は信頼が支える◆086　チームで問題を解決する◆088
ブレーンストーミング◆089　部下のあいだで意見が割れたとき◆091
仲裁と仲介◆092　感情的不和を解消する◆095　まとめ◆097

第4章 信頼を築く◆099

守れない約束をしてはいけない◆102　信頼されることは誰にとっても必要である◆103
まっすぐな人でいる勇気をもつ◆104　道義心、それは信頼のみなもと◆105　頼りになる上司になる◆108
部下を信頼する◆113　尊敬される上司になる◆115　上司の信頼を得る◆119　まとめ◆124

第5章 人を理解する◆127

経歴を調べる◆127　話を聴き、観察する◆128　行動パターンをみつける◆129
相手によってあつかいを変えるのは不公平か◆130　〝インナービュー〟というテクニック◆131

すぐれた聴き手になる◆134　一人ひとりの違いを知る◆140　ゴールデンルールではなくプラチナルールを◆142
イチゴで魚は釣れない◆144　人に心から関心をもつ◆145　人が仕事に本当に求めるものは何か◆146　まとめ◆147

第6章 人を説得する◆149

あなたも説得上手になれる◆150　「商品知識」を完璧にする◆151　セールスポイントは何か◆151
買い手は何がほしいのか◆152　証拠を集める◆153　セールスポイントをニーズに合わせる◆154
まずは相手の気を引く◆155　質問して答えに耳を澄ます◆156　その気にさせる◆157　誠実であれ◆158
人を見る目を養う◆159　証拠をしめす◆160　反論に備える◆162　決着をつける◆163
自分は重要な人間だと感じさせる◆164　チャレンジ精神に訴える◆166　高いこころざしに訴える◆167
相手にイエスと言わせつづける◆168　「どちらも勝ち」にする◆169　まとめ◆170

第7章 つき合いにくい人とつき合う◆173

神経過敏な人◆174　かんしゃくもち◆176　ネガティブな人◆177　部下にしてはいけないこと◆179
あなたの感情をコントロールする◆180　一定の枠内で支配力をもたせる◆181　隠れた本音を聴き取る◆181
良好な関係づくりに取り組む◆182　「あら探しごっこ」に巻き込まれてはいけない◆183　不幸な人と働く◆184
同輩とうまくいかないとき◆186　難しい相手に歩み寄る◆191　難しい場面で自分を保つ◆193
冷静に話し合うための六つのステップ◆194　まとめ◆195

第8章 じょうずに「ノー」を言う◆197

何に不賛成なのかを明らかにする◆198　礼儀正しくせよ◆198　相手の顔をつぶさない◆199
批判せず、質問する◆200　人ではなく問題に焦点を合わせる◆202　争点は一つに絞る◆203
建設的に反論する◆204　怒りを買わずに助言を退ける◆205　上司とのあいだに良好な下地をつくる◆207
上司に「ノー」を言う◆208　上司の要求をふだんから知っておく◆211　じょうずに反論する六つの秘訣◆212
懲戒処分をどう行なうか◆214　建設的に批判する九つの秘訣◆219　批判を学びに変える◆220　まとめ◆225

第9章 よりよい接客をするには、されるには◆227

顧客との良好な関係は接客から◆228　お客様相談窓口◆229　怒った客に応対する◆230
接客の心得◆234　「お客様はつねに正しい」◆236　よりよいサービスを受ける◆237　まとめ◆243

デール・カーネギーの原則◆245

人にもっと好かれる人間になる三〇の原則◆245　悩みを乗り越える基本的原則◆247　悩みを分析する基本的テクニック◆248
悩み癖を寄せつけない六つの心得◆248　心の姿勢を養い、安らぎと幸せを呼ぶ七箇条◆249
デール・カーネギー協会について◆250　編者について◆251

装幀◆日下充典

このシリーズを読む人のために
◆◆◆デール・カーネギーについて

人を幸福にするのは、
その人がどういう人間かとか何を持っているかではない。
幸福はその人が何を考えるか、
ただそれだけにかかっていることをおぼえておこう。
だから毎朝、自分が感謝すべきあれやこれやを考えることから
一日を始めなさい。
あなたが今日考えることとは、あなたの将来を大きく左右する。
だから自信や愛や成功について、いつも考えているように。

デール・カーネギー

デール・カーネギーは、今日ではヒューマン・ポテンシャル・ムーブメント（人間の潜在性開発運動）と呼ばれる成人教育活動のパイオニアである。彼の教えと著作はいまも世界中で、人々が自信をもち、人柄をみがき、影響力のある人間になる後押しをしている。

カーネギーが初めて講座を開いたのは一九一二年、ニューヨーク市のＹＭＣＡでのこと。それはパブリックスピーキング、すなわち人前で話すことやスピーチのしかたを指導する教室だった。当時のほとんどの話し方教室がそうだったように、彼の講座も、すぐれた話し方の基礎理論から始まった。しかし生徒たちはたちまち飽きてしまい、そわそわとよそ見をしはじめる。これはなんとかしなければ……。

デールは講義をやめて、教室のうしろのほうに座っていた一人の男性に声をかけ、立って話をしてくれないかと頼んだ。自分のいままでのことについて何でも思いつくままに話していいからと。その生徒の話が終わると、別の生徒にも同じことを頼み、そうやって順々に話をさせていくうちに、結局はクラス全員が自分のことについてちょっとしたスピーチをしていたのだった。クラスメートの励ましとカーネギーの指導によって、誰もが人前で話すことへの恐怖心を乗り越え、りっぱに話していた。カーネギーはそのときのことを、のちにこう報告している。「私はそれと気づかないうちに、恐怖心を克服する最良の道へと、よろめくように踏み出していたのである」

カーネギーの講座は大人気となり、他の都市からも開催を頼まれるようになった。それからの年月、彼はたゆむことなく講座を改良しつづける。生徒たちが最も関心をもっているのが、自信を高めることや人間関係の改善、社会的成功、そして不安や悩みの克服などだとわかると、講座のテーマもパブリックスピーキングから、そういうものへと変わっていった。それ自体が目的だったスピーチは、他の目的のための手段になった。

カーネギーは生徒たちから学んだことにくわえて、成功した男女が人生をいかに生きてきたかを徹底的に調査し、その成果を講座に取り入れた。そこから彼の最も有名な著作『人を動かす』（*How to Win Friends and Influence People*）が誕生する。

その本はたちまちベストセラーとなった。一九三六年の初版以来、一九八一年の改訂版と合わせて販売部数は二〇〇〇万部以上。三六の言語に翻訳されている。二〇〇二年には「二〇世紀最高のビジネス書」に指名され、二〇〇八年にはフォーチュン誌から「リーダーの本棚に備えられるべき七冊の本」の一冊にも選ばれた。一九四八年に出版された『道は開ける』（*How to Stop Worrying and Start Living*）も、数百万部の売れ行きとなり、二七の言語に翻訳されている。

デール・カーネギーと彼が創立したデール・カーネギー協会の後継者たちがこれまでに開発し指導してきたコースやセミナーは、すでに世界七〇カ国以上で、何百万人もの人々に受講され、工場やオフィスに勤める人たちから政府の高官まで、あらゆる社会階層の人々の人生を変えている。修了生には大企業のＣＥＯ（最高経営責任者）もいれば、議員もいる。あらゆる業界の、あらゆる規模の会社や組織のオーナーや管理職がいる。そこでの経験によって人生が豊かになった数え切れない有名無名の人々がいる。

一九五五年一一月一日、デール・カーネギーが世を去ると、ワシントンのある新聞は死亡記事で彼の功績をこう称えた。「デール・カーネギーは宇宙の深遠な謎の何かを解明したわけではない。しかし、人間がおたがいに仲良くやっていくすべを知るという、ときには他の何より必要と見えることに、おそらくは今日の誰よりも貢献した」

本書を第一巻とするこの全五巻のシリーズは、デール・カーネギーの教えを今日の読者に伝えるために新たに執筆した。取り上げることがらはデール・カーネギー本人の著作とデール・カーネギー協会が提供してきたいろいろなコースにもとづくが、カーネギーの原理が二一世紀の読者により役立つものとなるように、事例や説明は現代に即したものとした。

編者◆アーサー・ペル

はじめに

世の中にはいつも明るくはつらつとして、人が自然にまわりに集まってくるような魅力的な人がいる。そういう人たちは、無理を言うどころか頼むことさえしなくても、どこへでも快く迎えられる。ドアが大きく開かれ、さあどうぞお入りくださいと手招きされる。彼らがそこにいるというだけで、なんとなく場が和んだり、楽しくなったりもする。彼らはほとんど一言もしゃべらずとも人を説得するすべを知っているし、仲間うちはもちろん、地域や職場でも人望があって、とんとん拍子に出世していく。

人柄のいい人には、そのそばからどうしても逃げ出せないような不思議な力があるものだ。そういう人に冷たくするのは難しい。磁石のように人を引きつける何かがあって、私たちはどんなに忙しくても、都合が悪くても、自分の仕事を中断するのがどんなに嫌でも、なぜかそういう人たちとつき合いたくなってしまうのだ。

まさにその、ちょっと言葉では表わせない特性こそジョン・F・ケネディやロナルド・レーガンや、あるいは日本の豊臣秀吉、坂本龍馬ら、いく人かのリーダーがはっきりと備えていた資質である。

こういう魅力ある人間に、あなたもなりたくはないか？　そう、あなたもなれるのだ。人を引きつける力は、必ずしも生まれながらのものではない。温かくおおらかで、人を包み込むような人柄の人間になりたいと心から願うなら、誰でもそうなれる。そういう人間像に近づけるようなテクニックをマスターすればいい。

生まれつき魅力のある人たちは確かにいる。だがそういう人たちの性格を分析してみれば、彼らが特定の資質を備えていることがわかるだろう。それは心が広い、度量が大きい、真心がある、思いやりが深い、視野が広い、頼りになる、楽観的といったもので、そういうところに私たちはあこがれ、本能的に引きつけられるのだ。

そう、あなたを磁石のような人間にする性格特性は、なにも生まれつきのものでなくていい。これらは、身につける努力をすれば必ず身につく資質である。デール・カーネギーとデール・カーネギー協会の彼の後継者たちは、すでに九〇年以上も前から、年齢も国籍も教育レベルもさまざまな人々がこうした特性を身につけ、友人を増やし、出世し、豊かな人生をおくるのを後押ししている。本書はその指導方法にもとづいて執筆され、とくにつぎのようなスキルの習得に焦点を合わせている。

◆カリスマ的な人間になる方法
◆新しい友をつくり、友情を保つ方法
◆協力的な環境をつくり、人を動かす方法
◆信頼を築く方法
◆他人を理解し評価することをとおして、よりよい人間関係を築く方法
◆家族や友人や周囲のあらゆる人々に、アイディアや意見や提案を売り込む方法
◆あつかいの難しい人に対応する方法
◆不愉快な空気を招かずに反論する方法

人柄を決定づけるのは容姿のよしあしでも教育のあるなしでもない。人を引き寄せる人柄という、何かあいまいで不思議な空気のようなものを醸し出すのは、私たちの内なる力である。この本では、その内なる能力をみがくこと、そして人を遠ざけてしまうような傾向を克服することを学ぶ。

一九世紀の思想家エマーソンは「あなたという人間があまり大声で語るものだから、あなたの言っていることは聞こえない」と言った。私たちは自分がどういう人間か、どう思い、どう感じるかを隠すことができない。人柄という空気を放出しているからだ。その空気が、私たちの主だった特性や資質に応じて、温かかったり冷たかったり、人を引き寄せたり追い払ったりするので

ある。

人を引き寄せる特性は、外側へ向かう明るい何かである。反対に、追い払う特性は内側へ向かう。つまり魅力のない人は自己中心的で、自分のことばかり考えている。人に十分与えない。自分が得をすることだけを考えて、つねに何かを求め、吸い込み、利益を受け取ろうとする。そういう人は思いやりに欠け、真心にも友情にも乏しく、人に好かれない。

人間はそもそも男性も女性も磁石のようなものだ。鉄を引き寄せる磁石がゴミの山からそれに反応するものだけを引き出してくるように、人間もつねに自分の考えや姿勢に反応するようなモノや人を引き寄せ、関係を結んでいる。

私たちの環境も、つき合う仲間も、全般的な状況も、みな自分の頭脳的な引力の結果である。私たちがそういうものに注目し、頭のなかで自分と結びつけたせいで、物質世界でそれらが目の前に現われたのだ。それらは私たちが縁を感じる相手であって、それらに対する親近感や共感があるかぎり、そこにありつづけるだろう。

すなわち、あなたの仕事が何であれ、あなたの評判も成功も、あなたが他人にどんな印象を与えるかに大きく決定づけられることになる。したがって人を引き寄せる力強い人柄を育てることこそが、すべてだということになる。

それがたいして難しいことではないのである。他人を喜ばせる能力と、その人を世の中の真の力と感じさせるような力強い性格は、誰でももつちかうことができる。魅力的な人間かそうでないかを分ける特性や性格を知っていれば、ある面を育て、別の面を消すのは比較的たやすい。寛大さや懐の広さ、快活さ、頼もしさといったところを大事にし、その反対のところを捨てていけばいい。そして、そうしたことを心がけていくにしたがい、他人に対する関心が深くなり、それにつれて他人のほうも、こちらに対する関心を深めてくれる。どこへ行っても自分が以前よりもっと歓迎され、もっと求められる人間になっているのがわかるだろう。言いかえるなら、あなたがあこがれ、引きつけられるような特性を、あなた自身のなかに養えば、あなたも他人を引きつける人になるということだ。そういう特性があなたに浸透していくにしたがい、それはあなたの性格となって、まるで磁石のように人を引き寄せる魅力的な人柄ができあがることになる。

魅力ある人間になるには、人生とまっすぐ向き合わなければならない。ペシミズム（悲観主義）、自分本位、ひねくれた姿勢、思いやりのなさ、熱意の欠如——こういうものはすべて魅力をぶち壊してしまう。誰もがあこがれる人間の磁気のようなものを放射するのは、頼もしくて楽天的で、明るくて健全で、心の広い人間である。あらゆる人の目を引き、心をつかんで離さないのはそういう人である。

魅力ある人柄になりたいなら、何よりもまず、真心をもって人に接する習慣をつけることだ。おおらかな気持ちで、心のこもった温かい挨拶をおくる習慣が身につけば、驚くべきことが起きるだろう。いまのあなたを損なっている意固地や臆病や自信のなさ、他人に対する無関心や冷淡さが消える。そして、あなたがその人に本当に関心をもち、その人のことをもっと知りたい、喜ばせたい、利益を与えたいと思っているのが相手に伝わるだろう。真心をもって人に相対する習慣は、あなたの人づき合いの力に革命を起こすのだ。自分でも思いがけない魅力的な性格が育っていくだろう。

人の気持ちをつかみたければ、真心の人になることだ。心のとびらを全開にしよう。世の中にはちょっとスキマをあけておくだけという人が多いのだが、それではだめ。それではまるで出会った人に「少しだけのぞいてもいいけれど、入ってくるのはお断り。だってあなたが望ましい知り合いかどうか、まだわからないのだから」と言っているようなものだろう。

心のドアを開こう。恐れずに思いきり開こう。あらゆる留保を取り払おう。まるで失敗を恐れているかのような、おずおずした態度で人に接してはいけない。人に接するときは、きっとその人と友達になり、楽しくて実りある人間関係が築けるという確信をもって向かい合うことだ。

いまこの本を読んでいるあなたは、すでに魅力ある人間になる旅への第一歩を踏み出している。この本を最もよく役立てるには、まず全体を通読して、魅力ある人間になるという考えを大まかにつかみ、それから各章を読み直して、各領域での目標達成に向かって指針に従うことを始めてほしい。そうすればあなたはもう、成功と幸福と豊かな人生への道を歩みはじめている。デール・カーネギーの教えを学び、実践した何百万人もの人々と同じ道を。

第1章 そう、あなたもカリスマになれる

新しい上司のリサに初めて会ったとき、その素晴らしい人柄にロバートは感心した。彼女から放射される何かが、この人は信頼できると感じさせたのだ。リサはあこがれの人となり、いっしょにいるのがうれしかった。「こういう人をカリスマというんだな。ぼくもこういう人になりたいなあ」とロバートは思ったものだ。

リサのような人は、そういう性格に生まれついたのだと思われがちだ。容姿や、基本的な知能や、何かの才能といった人間性のある面は、確かに生まれつきだろう。しかし私たちは誰でも、他人があこがれるようなタイプの人柄をもつことができる。自らの内なる特性を最大限に引き出して、発達させられる能力を備えている。

カリスマ的とまでいえるような人物に成長するのは、たやすくないかもしれない。しかし内な

る特性を発達させようという強い気持ちと努力があれば、成長は始まる。

人柄は習得できる

人柄には、写真にも撮れず、絵にも描けず、彫刻にも刻み込めないような何かがある。誰もが感じているのに誰もうまく言葉にできない何か、伝記作家も本に書けないその何かが、その人の人生の成功に深くかかわっている。

ある種の人柄は、たんなる容姿の美しさより値打ちがあり、学識より力がある。一部の人たちが放射する特異な魅力、カリスマ性は、どんな大人物をも揺すぶり、ときには国家の運命さえ左右する。

まるで磁石のように人を引きつけるそういう力の持ち主は、無意識のうちに周囲に影響を与えている。私たちはそういう人物の前に出たとたん、自分が一回り大きくなったような気がする。身体の奥で、それまで思ってもみなかった可能性が解き放たれ、目の前が大きく開けて、新しい力が全身を震わせるのを感じる。まるで長いあいだ自分の上に載っていた大きな重石がふいに取れたかのような解放感がわきあがる。もしもあなたに対して人々がこんなふうに反応したら、それはたとえようもないほど素晴らしいことではないだろうか。

こういう人柄の魅力の多くは、すぐれた、修練された態度物腰から来ている。機転の利くことも重要な要素だ。なすべきことが正確にわかり、適切なときに適切なことができなければならない。すぐれた判断力と良識も、そういう魔法のような力を発揮するには不可欠だ。趣味がよいこともカリスマの要素の一つである。

そういう性格特性は**獲得できるもの**である。人間はみな同じように生まれついてはいない。知能も、身体的な能力も、気力も体力も違う。それでも努力すれば、カリスマ的な人間になることができる。身につけたい性格特性を選んで、それを伸ばせばいい。決め手は、それにいかに熱意を注げるかである。

クリストファ・Lは頭が良くて仕事一筋、骨身を惜しまない働きぶりだったが、内気な性格だった。昇進の候補者から外されたのがわかったとき、おずおずと人事課へ出向いて理由をたずねると、人事課長はこう答えた。「クリス、あなたは優秀な社員よ。でも管理者として成功するのに不可欠な資質には欠けているの。昇進を望むなら、仕事ができるだけじゃだめ。部下や同僚や上司とうまくやっていくことができなくてはね。でも、あなたがどうしてもと思うなら、そういう性格は身につけられるのよ」。そのときからクリスはデール・カーネギーのコースに参加し、そこで学んだ原理を実践しはじめる。やがて引っ込み思案を克服すると、会議で積極的に提案したり遠慮なく発言するようになって、以前は無視していた同僚とも友達づき合いをするようになる。そしてつぎのチャンスがめぐってきたときは、昇進候補の一番手に選ばれていたのだった。

明るく楽観的であれ

カリスマ的な人間は、快活で陽気で希望にあふれ、醜いものではなく、よいものや美しいものを探して毎日を生きている。卑しいものではなく気高いもの、暗く陰気なものではなく明るく陽気なもの、絶望的なものではなく希望のもてるものを求めている。暗い面ではなく明るい面をながめている。いつも日向に顔を向けておくことは、いつも日陰に向いているのと労力は変わらない。なのに気持ちには満足か不満かの、幸せか惨めかのたいへんな違いが生じるし、人生には繁栄か困窮か、成功か失敗かの違いが生まれる。

盲目で耳も聞こえなかったヘレン・ケラーは、運命を呪って悲観主義者になっても何の不思議もない人だったが、こう言った。「何かをなし遂げるには、楽観主義者であることが必要です。希望がなくては何もできません」

人生に成功した人々は、つねに陽気で希望をもち、微笑みを浮かべて自分のやるべき仕事に精を出し、人生の変化を受け入れてチャンスをとらえ、良いときが来ても悪いときが来ても、同じように受け止めている。

いつも明るく快活にしていれば、事態が好転することが多い。給料が増え、昇進がかない、売り上げが伸び、より有能な管理職や専門家になれることもある。おまけにそのあいだも楽しく幸せに過ごせる。

あなたは暗くて不幸で、不機嫌な人とつき合いたいか、それとも幸せで楽しげな人とつき合いたいか。気分や態度ははしかのように伝染する。だから私たちが身から発散するものは、他の人にうつしていいものでなければならない。

デール・カーネギー

微笑みをたやさない

微笑みは親しみのしるしである。イヌでいえば、しっぽを振ることに相当する。もちろん誰でも四六時中微笑んでいるわけにはいかない。微笑みは帽子をかぶるような、そんな機械的なものではない。本当の微笑みは内面の表われなのだから。また実際に微笑まなくても、愛想よく魅力的にふるまうことは十分できるし、笑顔がまったく不適切という状況も確かにあるだろう。

微笑みは心の底から出てきたものでなければならない。心の奥から自然にわいて出て、目にも声にもしぐさにも表われるものだ。それには陽気にふるまうといい。そうすれば陽気な気分になるだろう。微笑みは偽造できない。つくり笑いは、やっぱりつくり笑いにしか見えない。

この陽気にふるまうということにどれだけ効果があるかを、フィラデルフィア近郊の町役場で助役の補佐をつとめるエレイン・Bが、自分の体験から語っている。

「ある朝、出勤するときに、今日は楽しいことを考える効果というのを試してみようと決心しました。私はだいたい暗い性格で、ふだんあまり笑うこともありません。でも陽気にしていると人生がよくなると本で読んだのです。そこで通りを歩きながら微笑みを浮かべてみると、驚いたことに、気分が晴ればれしてくるではありませんか。背筋もいつもよりすっと伸びて、足取りも軽いし、なんだかうきうきしてきます。すれちがう女性たちの顔をのぞくと、苦労や心配を抱えていそうだったり、不満げだったり、ぷんぷん怒っている人もいて、気の毒でした。自分はお日様の光に包まれているような気がして、少し分けてあげたいくらいでした。

職場に着いて、受付係の前を通るときに、ちょっと挨拶の言葉をかけました。それまでそういう言葉がどうしても出てこなかったのです。もともと口が重いほうでしたから。でもただそれだけのことで、私たちはその日、とてもうまくいったのです。助役はとても忙しい人です。頭を悩ませることもたくさん抱えています。その日もしかめっ面でやってきて、私の仕事にいくつか小言を言いました。いつもの私ならひどく落ち込むところですが（過敏なたちなので）、その日は何があっても機嫌よくしていようと決めていたので明るい顔で答えました。すると彼の顔もぱっと明るくなって、彼とのあいだも、そのあとずっと快調だったのです。だからその日はずっと私もほかの人たちも和やかに過ごすことができて、雰囲気が悪くなることなんか一度もありませんでした。

仕事が終わってから教会の会合に出席したときも、昼間と同じ調子でやりました。教会の仲間にも、私は決して人気があるほうではありません。でもそれまで何だかよそよそしくて、嫌われているのかなと思っていた人と意外に気が合うことがわかって、とても親しくなれたんです。こちらから近づく努力をすれば、向こうからも歩み寄ってくれるものなんですね。

そのときから私は、出会う人のすべてに明るい光を投げかけていこうと心に決めています。そうすればきっと、まるで草花がつぎつぎと芽を出すように、幸せがまわりじゅうからわきあがってきます。友達や仲間に困ることはもうありません」

微笑みは敵意さえやわらげることがある。コネティカット州にある回復期患者のためのホームでボランティアとして働いていたシャロン・Mという一〇代の女性が、看護師を困らせていた高齢の患者のことを語っている。その女性は一切の世話を受けつけず、抑制具も使わせず（これはホーム側も気が進まなかった）、誰の手にも負えないありさまだった。前にトレーの付いた車椅子に座っているとき、その人はトレーをバンバンと叩きはじめ、そのうちトレーの下からすべり出ようとした。しかし途中で動けなくなって車椅子から降りられなくなると、看護師たちを大声でののしりはじめた。

この場を引き受けたのがシャロンだった。その女性が車椅子で廊下を行ったり来たりするのが好きなのを知っていた彼女は、その人のところへ行くと、真正面から顔をのぞきこんで思いきりにっこりと笑いかけたのだ。女性はあっけにとられた。それまでまわりは険悪な空気だったのに、いきなり愛想よくされたのだから。女性が落ち着きを取り戻すと、シャロンはやさしく話しかけ、車椅子を押してあたりを回った。そのことがあってから、女性は食事のときも他のときも、シャロンに世話してもらうようになったということだ。

デール・カーネギーは微笑むという技術（！）について、いくつか助言している。

「まずは世間と人々に誠実に向き合うことが必要だ。そうでないかぎり、にっこりしても効果はない。だが、ちょっと笑顔になってみるだけのことが役立つのは確かである。なぜなら、あなたが微笑めば相手はうれしくなり、その気持ちがこちらにはね返ってくるからだ。相手を愉快にすれば、あなたももっと愉快になり、その微笑みはたちまち本物に変わる。

笑顔になれば、重苦しい気分も、いつわりの感情も消えていくだろう。また誰かに微笑みかければ、その人を、少なくともある程度は好きだということを暗に伝えることになり、相手はそれを感じて、あなたをもっと好きになるだろう。微笑む癖をつけよう。それで損するものは一つもないのだから」

態度は言葉より多くを語るものだ。
微笑みはこう言っている。
私はあなたが好きだ。あなたといるのがうれしい。
あなたに会えてよかった——。
いつわりの微笑みはどうか？
いいや、そんなものには誰もだまされない。
うわべだけなのがわかれば腹が立つだけだ。
私が言っているのは本物の微笑みのことだ。
心温まる笑顔、心の底からわいてくる笑顔、
市場に出したらとびきり高値がつくような笑顔のことだ。
デール・カーネギー

カリスマは熱い人である

カリスマ的な人は、人生にも、仕事にも、人間関係にも、目的の達成にも情熱を燃やす。熱意は身体の奥からわきあがってくるものだ。熱意を意味するenthusiasmという言葉は、「内部に神

がいる」という意味になる二つのギリシア語から来ている。だから情熱もまた偽造はできない。燃えているふりや、うわべだけの笑顔や、誇大な言葉はたちまち見破られてしまうだろう。もしあなたが自分のやっていることにやる価値と意味があり、わくわくするほどおもしろく、きっとやり遂げられると信じていたら、それは態度物腰に表われる。

自分や自分の行動に情熱のある人は、成功を請け合って仕事を引き受けるだろう。エネルギーと決意と情熱をもって仕事に取り組む従業員は、雇い主に信頼感を与える。彼らに引き受けてもらえばその仕事はたんに仕上がるだけでなく、きっと上々の仕上がりになると思わせてくれる。

蒸気機関車はどんなに頑丈に、どんなに完璧に造られていても、どんなに馬力があっても、湯の温度が一〇〇度に達しないかぎりピクリとも動かない。一度でも低ければ、湯は用をなさない。どんなに頭がよくて教育があっても、人間という機関を駆り立てる情熱という蒸気がなければ、人生は止まったままだ。

販売という仕事に情熱がどんな役割を果たすかについて、デール・カーネギーがこんな話をしている。

「ある夏の晩、望遠鏡で星を見せる商売をしている二人の男を観察した。二人はニューヨーク市四二丁目の公立図書館の向かいに望遠鏡を設置し、片方の男は一回月を見るのに一〇セント、もう片方の男は、少し大きい望遠鏡を使って二五セントの料金を取っていた。

二五セントを取る男のほうには、一〇セントしか取らないほうの四倍の客がついた。確かに二五セントの望遠鏡はいくぶんかよく見える。しかし値段の高いほうが繁盛している本当の理由は、商人の人柄にあった。その男からは熱意がビンビン伝わってきた。その望遠鏡で月をながめたらどんなに素晴らしいかをあまりに熱く語るものだから、客はたとえ夕食をあきらめても、その望遠鏡をのぞいてみたくなったのだろう。それに対してもう一方の一〇セントの男のほうは、何も言わずに、ただ注文を取っているだけだった」

世界はつねに情熱のある者に道を譲ってきた。情熱によって人のパワーは何倍も大きくなり、もてる能力は限りなく高まるのだ。

情熱は客をつかむのもとてもうまい。情熱は伝染力が強いから、たとえうつされるまいぞと警戒していても、知らないまにうつされてしまう。だからあなたが自分の仕事にほれ込んでいたら、人々はあなたが売り込みをしていることをつい忘れて、いつのまにかいいお客さんになっているだろう。

自分のやるべき仕事はこれだと信じ、それに情熱をもって取り組むことにはたいへんな力がいる。もしあなたに何か大きいことをやり遂げたいという野心があるなら、自分に情熱を燃やし、それに必要な仕事に全力で打ち込むことだ。

自分のしている仕事がおもしろくないとか興味がもてないという人も大勢いるだろう。退屈でぱっとしない、疲れる仕事かもしれない。しかしたとえそうでも、その仕事のなかに何か意欲のわくことをみつけてみよう。もっとじょうずにやるとか、早くやる方法はないだろうか。がんばらなければ達成できない質か量かの目標を設定してみよう。もしも仕事のなかにはそういうものがみつからないというなら、地域や家庭や教会や、市民運動や、社交的活動のなかに何かをみつけ、それに本気で取り組んでみてほしい。

人生に退屈しているって？
だったら何かこれと思う仕事に全力で取り組んでみることだ。
その仕事を命がけでやってみよう。
そうすれば、思ってもみなかった喜びに出会えるだろう。
デール・カーネギー

勝つことを信じて情熱を傾けている人間は、空気が違う。そのたたずまいのなかに、パンチを繰り出すまえから半分勝ってしまったような何かがある。

熱意は空気に溶け出して、この仕事はきっとやり遂げられるという確信を周囲の人々に伝染させる。そしてその人間は時の経過とともに、自らの熱意によって強くなるだけでなく、周囲の人々の熱意にも強められていく。彼の成功への力を友人や知人が肯定し、支持し、一つの勝利がつぎの勝利をよりたやすいものにする。彼の冷静さや自信や能力も、達成の数に比例して上昇していくだろう。すなわち何かに取り組んでいる人間の熱意の強さそのものが、どこまで達成できるかと明確に結びついているのである。

熱意は人間性の原動力だ。どれほど能力があろうとも、熱意がなければ眠ったままになる。だから多くの人は、まだ使ったことのない潜在能力を山ほど抱えているといってもいいだろう。私たちは知識も、するどい判断力も、すぐれた論理力ももっているかもしれない。しかし誰も、自分自身でさえも、それに気づかないのだ。考えることや行動することに全力で打ち込むすべを知るまでは。

人が何かに熱中しているときは、その興奮や楽しさや内なる満足感が、活動全体に浸透しているものだ。毎日こなしていかなければならない多くの仕事に熱意を傾けるのは必ずしも容易ではないが、努力さえあれば、できないことではない。

私たちは自分の能力や自分自身に対して熱い思いをもたなければならないだけでなく、自分のしている仕事——製品の製造や販売であろうと、作曲や演奏であろうと、エッセイの執筆であろうと——にも熱中することが必要なのである。情熱は成功するほとんどの人にとって成功への秘密兵器であるのにくわえ、その人の人生においては幸福の発生装置でもあるからだ。

情熱があるふりはできない。しかし情熱をもつことを人生の大事な一部にしていけば、真に情熱的な人間になれる。熱中できる何かを探そう。ただし情熱と、大騒ぎをしたり叫んだりわめいたりすることを混同してはいけない。デール・カーネギーは情熱を、胸の奥底で燃えているもの、あるいは抑制された興奮だと言った。「たとえば他人を助けたいという思いで胸が熱くなれば、人は奮い立つ。その興奮は目から、顔から、たましいから、そしてその人の全存在から放射されるだろう。精神は高揚し、その高揚が他人をも高揚させるだろう」

何かに本当に熱くなるには、そういう強い思いが心の底になければならない。しかし私たちはしばしば、あまり乗り気になれないことをやるように要求される。熱意をかき立てる方法の一つは、興奮できる何かをみつけることである。それに気持ちを集中することによって、本物の熱意が発生する。

あなたがいましている仕事に打ち込んでみよう。その仕事について、できるだけ多くを学ぶのだ。学べば知識が増え、知識はしばしば学んだことがらへの情熱をかき立てる。

じっさい何かを習得すると、知らないうちにそれに夢中になっているというのはめずらしくない。たとえばジョージは、ABCエレクトロニクスに就職したとき、販売部門に配属されるのを望んでいた。ところが行かされたのは仕入部の、発注や納品の記録を取る係。何カ月たってもやる気が起きず、もう辞職して、ほかの職場を探そうかと思うようになった。そのことを父親に打ち明けると、辞めるまえに一度公平な裁判にかけてみてはどうかと言われ、こう忠告された。「ジョージ、きみは仕入れという仕事を十分理解する努力をしたかい？　きみのやっていることが会社の業務全体とどうかかわるのか、その仕事にきみの独自性をどう生かせるのか、そういうことをとことん検討したかい？　投げ出すまえに、その仕事のことを学べるだけ学ぶ努力をするべきだよ」

そのわずか数週間後、ジョージは職場の全員のまえで、自分のしている仕事が会社にとってどんな役割を果たしているのかをとうとうと語っていた。自分があつかう商品や仕入部の仕事が、社の業務全体に対してどう位置づけられるのかを社内の資料から調べ上げたのだ。彼の勤務態度はがらりと変わり、いまや毎日出社するのが楽しくてしかたがないという様子。上司もそういう彼の意欲に目を止め、有望な社員と見るようになっていた。さらに重要なのは、仕事が楽しくなったことで、彼の人生がより愉快な、充実したものになったことだった。

偉大な業績を世に残した人々は、みな自分の仕事に夢中だった。偉業をなした男女の人生を調べると、政治、ビジネス、科学、芸術など分野は違えども、すべての人が共通に備えているのが自分の仕事と人生に対する激しい熱意であることがわかる。ベートーヴェンは耳が聞こえなくなったにもかかわらず、情熱に導かれて壮大なシンフォニーを書き上げた。コロンブスの熱意はイザベル女王を説得して冒険の旅に資金を出させ、不可能としか見えなかった計画を成功させた。ソーク博士がポリオ撲滅の研究をあきらめようとしなかったのは、見通しに胸を高鳴らせていたからだ。熱意はカリスマの秘密兵器、成功の決め手となる要素だ。おまけに、その人の人生に幸福を生み出す装置でもあるのである。

ノーマン・ヴィンセント・ピールはこう言った。「心にあるものが結果を決める。人が本当に情熱を宿したときは、目の輝きや、張り詰めた面持ちや、きびきびとした身のこなしでわかる。その存在からわきたつ活気でわかる。情熱は他人への態度を変え、他人からの態度を変える……ただの平凡な男女とカリスマ的人物のあいだの大きな差が、そこから生まれる」


熱意はただの上っ面だけのものではない。身体の奥深くから働いているものだ。熱意は、自分のしていることの何かが本当に好きだというところから発生している。

デール・カーネギー

カリスマは目立つ人である

ジョシュ・Cは落胆した。自分が部長候補として考慮の対象にさえ上っていなかったことがわかったからだ。これまで五年のあいだ直属の上司だったトッド・パーキンスは、自分がリタイアしたら、後任に彼を推薦すると約束していた。

ところがトッドは先月急死。リタイアが予定されていた年までまだ二年もある。会社側は急きょ新しい部長を社外から招いた。

どうして会社はジョシュを昇進させようと考えなかったのだろう？　それはトッドを除いて誰も彼の力量を知らなかったからだ。それどころか幹部クラスはジョシュの存在すら知らなかった。彼が目立たなかったからだ。もしもカリスマ的な人物だったら、上司だけでなく、会社の誰もが知っていただろう。

たいていの組織には、高い能力がありながら、人から知られていないために昇進できないジョシュのような人が大勢いる。出世するには直属の上司以外の管理職の目にも止まらなければならない。カリスマ的な人は目立つ人なのだ。

では、どうしたら目立つのか？　第一には能力があることだ。能力がないのに目立ったら、かえってまずい。ジョシュは有能だった。しかしそれだけではだめなのだ。彼は上司といっしょに会議に出ても決して発言しなかった。何か意見のあるときは、メモ用紙に書いて上司の前にそっとすべらせ、上司が発言した。自分のアイディアをどうして自分で発表しないのかとたずねられると、人前で話すのが苦手だからと答えていたものだ。

堂々と発言する

組織の幹部に自分のことを知ってもらうのに最も効果的なのが、出席した会議に積極的に参加することである。その分野のベテランなら、提供できるものはたいていたくさんもっている。問題は人前で話すのが怖いということだが、それは最もありふれた、最も多くの人が抱えている悩みなのだ。そしてその悩みは、トレーニングや練習で解消できる。

話し方やスピーチの講座を設けている学校やカルチャーセンターはたくさんあるし、デール・カーネギー・コースの「効果的なスピーチと人間関係づくり」のような専門のプログラムもあって、すでに数え切れないほど多くの人々がこの不安を克服している。

他人の目標に関心をしめす

カリスマ的な人は自分本位ではない。ともに働く仲間に関心をもち、いつも気にかけている。異例の速さで昇進を遂げたヴァレリー・Pがそのわけをたずねられ、こう答えた――耳が大きいから。その意味はこうだ。「人の話をよく聞いているんです。私に話されたことだけでなく、誰かがほかの人に話していることも。新入社員だったころ、会議が始まるのを待っていたときに、となりの男性がほかの人と統計的品質管理について議論しているのが聞こえてきました。その何週間かあと、業界紙にその話題が載っているのを見たときに、その議論を思い出して、記事の切り抜きをその男性に送ってあげました。きっと興味があるだろうと思って。その人はとても喜んで、べつの管理職に私は親切だと言ってくれたんです。それからは、そんなちょっとしたことが人の役に立つならと思って、社内の人たちに記事のコピーを送ることを心がけるようになりました。

そうしたら、そのうち評判になった。私はいつも他人の役に立つ情報を探しているって。それがきっかけで何人かの幹部から自分の下で働くように声がかかり、異動のたびに昇進していったというわけです」

仕事を自ら買って出る

カリスマ的な人は、特別な任務を進んで引き受ける。ビルが大学を出て、いわゆるフォーチュン五〇〇社（フォーチュン誌が毎年掲載する売上高上位五〇〇社のリスト）の一つに入り、人事部に配属されたとき、出世競争のライバルになるだろう頭のいい若者が少なくとも二〇人はいた。そのなかで生き残るには、ただ仕事がよくできるだけではだめだ。

何カ月かたったとき、ビルは慈善団体のユナイテッドウェイから毎年求められる募金運動の委員長に自ら名乗りをあげた。そしてその役目のために社内のあらゆる部署を回り、幹部役員のほぼ全員に面会して直接話をした。それから三年間、彼は毎年その役目を引き受けた。

副社長の一人がビルの献身的な働きぶりと手腕を高く買い、担当部門に新しいポストを設けることになったとき、適任者として彼の名前をあげた。大抜擢されたビルは、いまやある上級役員の側近となり、人事部の大勢のライバルたちに大きく差をつけて、前途洋々の幹部候補と目されている。

専門家組織で活動する

カリスマ的な人は、自分を目立たせる方法をちゃんと探し出すものだ。米国最大手の消費財会社のマーケティング部門で働くダーリーン・Aは、もう辞職するしかないと思った。優秀なライバルがひしめいているその職場では、とても昇進できそうになかったからだ。しかしすんでのところで思いとどまると、なんとかして幹部の目に止まろう、可能性を認めてもらおうと決心する。

米国マーケティング協会の地域支部のメンバーだった彼女は、自らの密かな計画に従い、その組織の企画委員会に参加する。チャンスはほどなくやってきた。春季大会での講演者を探すという仕事を任されたのだ。彼女の人選は、そう、自分の会社のマーケティング担当副社長だ！　もちろんそんな大幹部とは話をしたこともないし、相手が彼女を知っているはずもない。それでも彼女が願い出ると、副社長は講演を承諾したばかりか、そんな専門家の大会に招かれて光栄だと言ってくれた。大会前には二度にわたって副社長と打ち合わせをし、本番のステージではとなりに座って、講演者である彼を聴衆に紹介する。それをきっかけに何かと副社長の目に止まるようになった彼女は、以後めざましい勢いで昇進していく。

能力とプロ意識は成功への土台である。しかしどんなに有能な人物でも、組織の意思決定者の目に止まらなければ埋もれてしまうだろう。カリスマ的な性格を養えば、出世のチャンスは大きく増える。

他人の美点を探す

あなたのすぐれた人柄を伸ばす方法の一つは、他人の美点を探すことだ。出会う人のすべてにおおらかな気持ちで接し、相手の外側の顔の下の本当の心を見ようとつとめ、誰に対してもやさしい気持ちになる――それがその途方もなく貴重な才を身につける秘訣だ。

カリスマ的な人は、まるで太陽が闇を消し去るように、出会った人のすべてから暗さや不安を追い払う。彼らが入ってくると、それまで会話もはずまず、疲れた気分が立ち込めていた部屋の中が、まるで嵐のあとの黒雲の切れ間から太陽が差し込んできたときのように、ふいに活気づく。そこに現われた輝かしい精神から誰もが生気を吹き込まれ、舌がほぐれ、会話が調子づき、その場の空気全体がうれしさにうち震える。

必要なら自分に強いてでも、他人のいいところを探す習慣を身につけよう。人々の美質を見抜き、じっくりとながめ、それらをより大きいものにしよう。

これからは誰のことも決して悪く言わないと決心するなら、また人の美点が何もみつけられず、いい面が見られなかったときは、何も見ず何も言わないと決心するなら、あなたの人生に素晴らしい変化が訪れるだろう。たちまちあらゆるものが、喜びと安らぎの言葉で応答するのを目にして驚くだろう。

だいたいに人間が好きでないというなら、
その性格を改善する簡単な方法が一つある。
人の美点を探せばいい。
いくつかはきっとみつかる。

デール・カーネギー

自立の習慣をつける

サミュエル・スマイルズは一九世紀の著述家で、いまではヒューマン・ポテンシャル・ムーブメント（人間の潜在性開発運動）と呼ばれる教育活動のパイオニアだが、人格の育成ということを強く提唱した。子供を幼いうちからできるだけ自由に行動させ、自分の力への信頼を育てることによって、すぐれた人格を獲得させられると説いたのだ。「過剰な指導と制限は自立の習慣を形成する妨げになる。そういうものは自力で泳げるようになった者の腕に浮き袋を結びつけるようなものだ。自信の欠如は、おそらく一般に想像されるより、もっと大きく進歩を妨げるだろう。

人生の失敗の半分は、自分の乗っている馬が跳ねている最中にたづなを引くことから生じているそうだ」

新しいスキルを学ぶときは、多くの人が容易な道を探す。しかし容易な道は精神を豊かにしてはくれない。すぐれた精神は多くの場合、厳しい努力と独立独歩の行動が呼び覚ますのだ。

スマイルズはこう警告する。「ただ知識を獲得するだけではだめだ。すぐれた知力をもつことには、広大な地所を相続するのと同じくらい人間としての値打ちはない。大事なのはその知力をどう使うか、その地所をどう活用するかだ。頭脳はやみくもに多大な知識を蓄積するかもしれないが、知識は美徳と知恵とに結びつき、高潔なる人格のなかに活かされてこそ役立つものだ。そうでなければ無いも同じだ」

「自己鍛錬と自制こそすぐれた人格への第一歩である。またそれらは自尊心のみなもとでもある。希望は自尊心から生まれる。希望は活力の友であり成功の母である。いかに謙虚な者であれ、こう述べてよいのである。自分を尊重し、自分を育てること、それこそがわが人生の真の義務であると」

人と違うことを恐れない

あなたが世の中でなし遂げることが大きかろうが小さかろうが、それは必ずあなたならではのものにすると決心してほしい。あなた自身のやり方で、恐れずに堂々と自分を主張すればいい。独自性は生きているもの、人まねは死んだものだ。ためらわずに自分をさらけ出そう。人と同じではなく独自の道を行くことで、あとに続くのではなく先頭に立つことで、人は成長する。新しいアイディアに胸を開き、つねに進歩のチャンスを見張っていよう。手ごたえがあるまで考え抜こう。独創的な人間の居場所は必ずある。

人と違うことを恐れてはいけない。自分を信頼し、自分の信ずることをすればいい。この世にあなたという人は一人しかいないのだから。父や祖父や隣人のまねをしてはいけない。それはスミレがバラになろうとするような、ヒナゲシがヒマワリのまねをするようなばかげたことだ。天は私たちの一人ひとりに、それぞれの目的に合った独特の装備を与えたのだ。世の成功した人たちが、どのようにして自らの長所と人間性を活かし、それぞれの使命を果たしたかを参考にするといい。彼らのやり方を自分に合うように手直しし、あなたのもてるものを活用して、あなたなりの大望を達成しよう。

フレッド・スミスがイェール大学経済学部の学生だったとき、教授が、これからは航空貨物便が大幅に増えて、航空会社の収入の主力を占めるようになるだろうという話をした。

スミスはこれに反論する論文を書く。航空会社の航路の大半は旅客便のためのもので、その航路パターンは貨物輸送には向かないというのだ。輸送コストは輸送量が減っても減らない。だから航空貨物で利益を上げられる唯一の道は、旅客用とは異なる小荷物専用の、大都市にも小都市にもまたがるまったく新しい航路システムをつくることだと論じた。教授はそんなものは実現不可能と考え、論文に落第点をつける。

フレッド・スミスはひるまなかった。貨物専用の航空会社を構想する。飛行機を飛ばすのは主に夜間の、空港が混雑しない時間帯。荷物は、配達のコストよりスピードが重視される緊急性の高い小さなものが中心になるだろう。すべての荷を一箇所のセンターに集め、専用のコンピュータプログラムを使って仕分けし、最終目的地まで飛んでいく便に積み込む。そうすればテキサス州のコーパスクリスティのような小さい都市へも、たっぷり荷を積んだ飛行機を飛ばすことができる。なぜならその都市へ送る荷物が国中から(やがては世界中から)一つのセンターへ集まるからだ——。

彼はこのアイディアを決してあきらめなかった。彼の独創性と情熱とねばり強さが、やがてフェデラル・エクスプレス(フェデックス)の創業に結実する。それは輸送産業に革命を起こし、スミスを億万長者にしたのだった。

ビジネスを引き寄せる人になる

世の中には仕事や顧客や依頼人や患者を、まるで磁石が砂鉄を引き寄せるように自然に引き寄せてしまう人がいる。あらゆるものが、その人のほうへなびいていくかのようだ。それは砂鉄が磁石のほうへなびいていくのと同じ理由による。つまり彼らに引き寄せる力があるからだ。

ジェリー・Ｐはそんなビジネスの磁石である。大手金融会社の最優秀販売員の一人で、過去一〇年間、その会社の二三〇〇人をこえる販売員のなかで上位一〇〇人に入りつづけるという偉業をなし遂げた。ニューヨークというとりわけ競争の激しい市場で、どうやってそんな業績を上げられたのだろう。専門知識にすぐれているのは言うまでもない。仕事熱心だし、そつがない。だが競争相手も全員そうだ。運がいいだけさという人もいる。しかし注意深く観察すれば、彼女が人を引き寄せる性格の持ち主であるのがわかるだろう。カリスマ性があるのだ。彼女のそばにいると、誰もがその人柄のよさに打たれる。いっしょに席に着けば、その温かさと愛想のよさと、真心と思いやりの深さに、たちまちとりこにされてしまう。そして彼女のお得意さんになるだけでなく、友人にもなる。新しい顧客のほとんどは、そういう友人たちの口コミによるものだ。

カリスマ性を養うのは骨折りがいのある仕事である。カリスマ的な人は友人をつくるのも、人を説得するのもたやすい。成功の可能性は格段に高くなるし、人として成熟し、人間性が向上する。カリスマ的であるには利己心を捨て、悪い癖を寄せつけず、礼儀正しく親切で、愉快で気さくで人好きがしなければならないからだ。

友人をつくる能力は成功への力強い味方である。それは恐慌が来たり、銀行が破綻したり、事業に失敗したりしても、手もとに残る資本だ。人間は友情とか、あの人が好きだとか嫌いだとかで動くものだ。だから人気のある商人や弁護士や医師はそれだけで、冷たくそっけない競争相手より格段に有利である。顧客も依頼人も患者も、みんな人気のあるほうへ集まってしまうのだから。

まとめ

カリスマ性を育てることは成功へのカギである。知識と経験をたくわえ、仕事に熟達し、骨身を惜しまず働いて目標につき進む——どれもとても大事だ。けれども、あなたという人を輝かせる「人柄」がなければ、あなたのそういうところが誰にもわからないだろう。人好きのする性格をもって生まれた人たちもいる。しかし成功者のほとんどは、成功に貢献した性格を自ら育てている。

◆その人柄に誰もが敬服するような人々の人生を研究する。実際に知っている人でもいいし、本で読んだ昔の人でもいい。その人々を行動の手本にする。
◆楽天家になる。人生の明るい面を見る。醜いものや卑しいものでなく、善なるものや美しいものを探す。そうすることであなたのふるまいが変わり、人からどう見られるかが変わる。

◆人の悪いところを探すのではなく、いいところを探す。あなたの周囲のすべての人の美点や長所を探す。

◆否定的な考えが心に住み着くと、夢や希望が麻痺する。気力体力が盗み取られ、人生が損なわれる。自信がなくなり、苦境を乗り越えるどころか、その犠牲者になる。あなたの人生から否定的な考えを追い払う。

◆人の気持ちを思いやる。人の気持ちを思いやれる人は、相手の身になって考えられる。他人の話をただ聴くだけでなく、その人の気持ちが自分のことのようにわかる。そういう人間に対して好感をもたない人がいるだろうか。

◆笑顔を忘れない。いつも明るい気持ちでいる。悪意や敵意を心から追い出し、一日一日をめぐみと心得て、楽しみ味わう。さもないと不幸な、おそらくは非生産的な人生をおくることになる。

◆人の和を大切にする。仲良くやっていくことの力が理解されないのはどうしたことか。穏やかで和やかな気持ちでいるのと、いつもいらだち、不和や誤解が絶えず、さまざまな悪意や厄介ごとに悩まされているのとでは、あなたの生涯の仕事にたいへんな違いが生じる。

◆自分を信頼することを恐れない。自分だけの考え方をする能力があることを信じる。自分のなかに潜んでいるものを引き出してくれるのは自信だ。そして何をするにしても、責任感と独立心をもってやることだ。

◆情熱をもつ。自分と自分の行動に情熱があれば、成功を保証して仕事を引き受けるだろう。そうすれば何倍もの力がわき、もてる能力が限りなく高まる。

◆好ましい人間になる努力をする。好ましい人間になれば、人に知られやすい。気心の通じる人が増え、成功をもたらす素質が呼び出される。

第2章 友をつくり、友を失わない

エリックが支店の開設という任務をおびて、妻のアーリーンとともにオークパークへ引っ越してきたとき、近くに知り合いは誰もいなかった。友達をつくりたかった二人は、近所の教会へ通いはじめる。しかしなかなか思いどおりにいかない。誠実でよさそうな人ばかりなのに、誰も新来者に興味をしめしてくれないのだ。「ぼくたち悪くないよね。どうして友達ができないのかな」。エリックはデール・カーネギーの助言を思い出した。「他人に本気で関心をもてば、向こうから関心をもってもらおうと思っているときに二年かかってできる友達よりも、もっと大勢の友達がほんの二カ月でできてしまう。つまり、友達をつくりたかったら自分から友達になれということだ」

次の日曜日、礼拝のあとのコーヒータイムにエリックが年齢の近いテッドに話しかけると、日曜大工という共通の趣味があることがわかる。アーリーンは地域社会の活動に熱心なサラに話しかけ、その地区が抱える問題のいくつかを知ることになる。その数週間後には、二人はほかの大勢の人たちとも知り合いになり、委員会への参加も誘われ、すっかり親しい間柄になっていた。

人に関心をもつ

あなたがいま話をしている相手は、あなたやあなたの問題よりも自分のことに、つまり自分のほしいものや自分の問題に一〇〇倍も関心がある、とデール・カーネギーは言った。

高名なウィーンの心理学者アルフレッド・アドラーも同じ考えだ。著書の『人生の意味の心理学』（原題 *What Life Should Mean to You*）では、こう述べている。「人生に大きな苦難を抱え、また他人を深く傷つけるのは、仲間に関心をもたない人間だ。人間のおかす過ちは、すべてそういう人々から生じる」

セオドア・ルーズヴェルトは、出会う人のすべてに心から関心をもつという姿勢を生涯変えなかった。どんな身分の相手にも必ず家族のことをたずね、その意見に耳を傾けた。ホワイトハウスの職員全員と親しくなることに手間ひまを惜しまない努力をし、執務室を去ってから何年たっても、そこを訪れたときは、一人ひとりの名前を呼んで挨拶し、自分が大統領だったころにしてもらったことや、そのころ彼らが口にしていたことを話題にしたりした。そういう人間を、誰が好きにならずにいられようか。

友人をつくりたかったら、出会った人に明るく心を込めて挨拶しよう。電話を取ったら、その電話をもらってうれしいという気持ちが声から伝わるように返事をする。他人に心から関心をしめせば、あなたに友人ができるだけではなく、あなたの会社に対する顧客の信頼も高まる。

政治家で大演説家のダニエル・ウェブスターは、出会う人のすべてからたちまち信頼されたといわれる。なぜ初対面の人に対してそんな気持ちになったのかとたずねられた人が、こう答えている。彼はほかの政治家とは違って、自分のことはしゃべらなかった。かわりに、**私が**自分についてしゃべったことを真剣に聴いてくれた。

> 人と友達になり、その人の意見を動かす確実な方法は、その意見に十分耳を傾けて、自分は重要な人間だという相手の気持ちを後押しすることだ。
>
> デール・カーネギー

人の気持ちを思いやる

人の気持ちを思いやれる人は、相手の立場でものを見られる。話をただ聴くだけでなく、話している人の気持ちが自分のことのようにわかる。そういう人を好きにならない人がいるだろうか。

名前を呼ぶ

ビルディング・メンテナンス・コーポレーションの退職者面談で、ウッディ・Hはその会社の好きだったところと嫌いだったところをたずねられ、こう答えた――サラリーや手当に不満はなかった。しかし、これが自分の会社だという気持ちが一度もわかなかった。「自分は機械の歯車のほんの一つでしかないといつも感じていた。あの職場に九カ月間いたあいだに、上司が名前を呼んでくれたことは一度もなかった。全員がマックって呼ばれていたからね」

リサ・ラングも同様の話をする。自分をディアとかハニーとか呼ばないでほしいと上司に訴えると、上司は、それはきみが好きだというしるしだから喜んでもらいたいと答えた。職場の女性全員がそう呼ばれていることを指摘すると、彼はこう言った。「人の入れかわりがこう激しくては、きみたちみんなの名前なんかおぼえていられないよ」。職場の女性に対して、まるで妻か恋人のような呼び方をするのはたんに失礼というだけでなく、裁判ではそうした習慣がセクシャルハラスメントと判断されることもある。

人間は誰でも、人から認められることを切望している。その他大勢の一人にされたいとは誰も思わない。誰でも名前があり、上司はその名前で呼ぶことによって、部下を個人として、一人の人間として認識する第一歩を踏み出すのだ。デール・カーネギーはこう言った。「名前はその人にとって、他の何よりも心地よく大事な言葉に聞こえることをおぼえておこう」

個人としてのその人を知る

職場の同僚にもそれぞれ職場以外の生活があり、その人にとっては通常そっちのほうがより大切だ。私生活のなかで本当に関心のあることについて職場の仲間と話をすると、同僚としてでなく人間としてのその人に興味があるということが伝わる。

ある晩テレビのローカルニュースを見ていたゲアリーは、部下のナンシーが彼女のコレクションについてインタビューされているのに驚いた。アメリカの国旗を植民地時代にまでさかのぼって収集しているというのだ。ナンシーとはもう三年もいっしょに働いていたのに、そんな変わった趣味があることを彼は少しも知らなかった。自分は部下のことを何も知らないとゲアリーは痛感し、それを改めようと決心する。つぎの朝ナンシーにインタビューされた祝いを述べると、早速コレクションのことをたずねた。それからの彼は、仕事の合間をみては部下の一人ひとりと話をすることを習慣にする。するとそれぞれの関心事や家族のこと、趣味や遊びのことなど、それまでまったく知らなかった多くのことがわかり、才能や特技を仕事に役立てられるようにもなったし、それぞれとの信頼関係も深まった。いまや彼にとって部下たちは「うちの部」ではなく、一人ひとりの個人である。それぞれが自分なりの方法で部とつながり、したがってそれぞれが違ったかたちで、しかし効果的に部に貢献している。

功績を認める

会社が従業員の手柄や骨折りを認め、たたえる方法はいろいろある。よくホテルのロビーやオフィスの目立つ場所に、「今月のベストスタッフ」と称して誇らしげな職員の写真が飾ってあるのを目にするだろう。そのような名誉を授かることは、一生忘れられない出来事だ。何かかたちのある賞品ももらうだろうが、金品より大事なのは、自分が認められたというそのことだ。

化粧品会社のメアリーケイは、成績のいい社員を手厚く表彰することで知られる。受賞者は賞金と記念の盾をもらうほか、社員大会で祝われ、社内報にも載る。なかでも全社員の羨望の的になるのが、最高の業績をあげた人に貸与されるピンクのキャデラックだ。その車を運転するのはどんなに誇らしいだろう。たんなるステータスシンボルではなく、会社が業績を認めてくれたしるしなのだから。その車を翌年も手もとに置くためには、べらぼうに高い要求基準を満たすか越えるかしなければならない。

ステュー・レナードはコネティカット州ノーウォークにある米国最大の乳製品販売店のオーナーだ。感謝祭まえのかき入れどきのことだった。レジに並ぶ客の列がさっぱり進まないことに気づいた事務職員の何人かが、上から指示があったわけではないのに、自分たちの仕事の手を止めてカウンターへ駆けつけ、レジ係の袋詰めを手伝って客をさばいたのだ。

それを見ていたステューは、そういう感心な職員たちに何か特別なことをしようと思い立つ。祭日がすむと、彼らにすてきなジャージのシャツをあつらえた。「ステュー・レナードＡＢＣＤ賞」という文字が刺繍されている。

「ＡＢＣＤ賞って何ですか」と客がたずねると、こういう答えが返ってくる。「Above and Beyond the Call of Duty　割り当て以上の働きをした人への賞なんです！」。要求される以上の仕事をした人に特別の評価を与えることによって、ステューは「しかるべき者に栄誉を与えた」だけでなく、その職場では仕事ぶりがしかるべく評価されることを、従業員にも管理者にも、顧客にも知らせたのだ。そうやって彼は愛社精神を高めていった。

ほめ言葉を文字にする

Ａ＆Ｇマーチャンダイジングの管理職は、一箱の「サンキューカード」を支給される。どこにでも売っているようなグリーティングカードだが、表に美しい字体で「ありがとう」と印刷されているほかに文字はない。部下が何か評価されるべき貢献をしたときは、上司はそのカードの一枚に、それがどういう手柄かを具体的に記し、なし遂げたことへの祝いの言葉をそえて当人に手わたすのだ。受け取った職員は友人や家族に見せてまわり、たいてい生涯大切にする。

従業員に賞を与えるときは、金一封や賞品のほかに、もう少々ふんぱつして賞状や盾をそえる値打ちは十分にある。そういう記念品は壁にかけられ、上司や社長から仕事を認めてもらったことを生涯思い出させてくれるだろう。

人の名前をおぼえる

人と友達になる第一歩はまちがいなく、その人の名前を知り、おぼえて、呼ぶことだ。


名前はその人にとって、他の何よりも心地よく大切な言葉に聞こえることをおぼえておこう。

デール・カーネギー

人の名前をおぼえるには、まずその名前を正確に聞き取って、その人の印象とともにしっかり頭に刻み付けることだ。したがって相手に注意を集中し、その人に本気で興味をもち、何がなんでもおぼえたいと思うことが大切だ。名前をおぼえることは、記憶力のよさを証明しようというようなちゃちな考えからではなくて、相手に自分は（あなたが、ではなく）重要な人間だと思ってもらいたいという気持ちからでなければならない。

◆◆名前をはっきり頭に刻む

◆人を紹介されたら、その人の名前を正しく聞き取ることに集中する。その名前のことだけを考える。

◆はっきり聞き取れなかったら「すみません、何とおっしゃいますか？　もう一度お聞かせください」と頼む。

◆再度たずねてもまだはっきりしなかったら「ごめんなさい、まだよく聞き取れません。どんな字を書くのか教えてください」と頼む。相手の名前について話をしていることを忘れてはいけない。相手は大いに喜ぶだろう。あなたが自分の名前にそこまで個人的興味をしめしてくれたのだから。

◆世間には難しい名前もあって、文字やつづりを聞いてもまだ納得がいかないこともある。そんなときは「めずらしいお名前ですね。ぜひおぼえたいので書いてみてもいいですか」とたずね、不都合でなければ、聞きながら書き取る。そうやって耳と同時に目にも焼きつける。

◆意志の力、つまり「何がなんでもおぼえたい」という欲求の力に訴える。「この人の名前をおぼえたい。おぼえるのだ！」と自分に言い聞かせる。

◆くり返す

くり返すことをいとわなければ、何でもおぼえられる。名前もたびたびくり返せば、それだけでおぼえられる。

◆人を紹介されたら、相手の名前をその場で口にする。「はじめまして」だけではなく、「はじめまして、ブランクさん」と言う。

◆その場の会話のなかで相手の名前を何度か口にする。たとえば「そうですか、私はそんなふうに思ったことはありませんが、きっとあなたのおっしゃるとおりでしょうね、ブランクさん」。このやり方を心がければ、名前が記憶に刻まれるだけでなく、相手を喜ばすことにもなる。無論やりすぎてはいけない。

◆相手がしゃべっているあいだに、その人の名前を心の中でくり返す。

◆名簿をおぼえるときは、一度に数名分ずつくり返しておぼえる。何かをおぼえるときは長時間ぶっ通しでやるよりも、少し時間をおいてくり返すほうが二倍も能率がいいことがいくつもの心理学テストで証明されている。したがっておぼえたいものは、ざっと見直すことをたびたびくり返すといい。

◆一度に何人もの人を紹介されたら、名前を聞くそばからしっかり頭に叩き込むようにする。つぎの人に移るまえに、もう一度その人を見て、名前を心の中ですばやくくり返す。全員の紹介がすんだら、すぐに一人ひとりを見直して、名前が思い出せるかどうか確かめる。見直して確認、見直して確認……これをできるだけくり返す。

◆人に会うときは、その直前に名前の記憶を新たにしておく。ドワイト・D・アイゼンハワーはそれを実行していた。米国軍が侵攻に備えて英国で訓練していたときも、かの将軍は毎朝、軍隊の査閲に出かけるまえに、その日会うことになっている将校の名簿をすべて調べ直したといわれる。

◆紹介されたときに、場合によっては名前を話題にする。とくにそれまで聞いたことがないようなめずらしい名前だったら、そうしない手はないだろう。昔の恋人と同じ名前だったら、そう言ってもいい。デール・カーネギーはタンネンバウムという人に初めて会ったときのことを語っている。「そのお名前はドイツ語でクリスマスツリーのことですねと言うと、その人はそうだと答え、自分の名前が祝いのシンボルになっているせいでクリスマスにはつねに格別な思いがあると言った。それが糸口になって話がはずみ、友達づきあいが始まった」

◆会った人と別れるとき、もう一度名前を呼ぶ。「お会いできてうれしかったです、ブランクさん」

◆どうしてもおぼえたい名前は、その晩床につくまえに思い出しておく。名前といっしょにその人の目立つ特徴を思い浮かべ、「目」に焼き付ける。その晩復習することが重要なのは、人間は何かを学んだあとの八時間で、その後の三〇日間に忘れるのと同じだけの量を忘れるからである。

友達をつくりたかったら、名前をおぼえることが第一だ。あなたが私の名前をおぼえてくれたら、私は内心いい気分になる。それは私があなたの心に残ったということだから。私の名前をおぼえてほしい。そうやって自分がひとかどの者だという私の気持ちをもり立ててほしい。

デール・カーネギー

◆◆◆連想する

名前を頭につなぎとめる最強の方法は、相手の外見の印象と名前から浮かぶ画像とを結びつけることだ。そういう結びつきをつくるのによく使われるやり方をいくつかあげよう。

◆職業を仲立ちにする

容姿の特徴から相手の職業を思い出せるかもしれない。そういう場合は、その職業と名前を結びつける。たとえばアイボリーさんというピアニストに会う。彼女のまっ白い歯がピアノの白鍵（アイボリー）のようなのに目をつける。それでもう、その名前は忘れないだろう。

名前と職業を直接結びつけてもいい。たとえばアーサーという人を紹介され、その人が作家（オーサー）だとわかったら、「オーサーはアーサー」とおぼえておこう。

◆韻を踏む

名前とその人の特徴などを材料にして、ラップのように韻を踏んだ文句をつくる。その文句を、その文句から浮かぶ画像といっしょに頭に焼き付ける。たとえばハニマンという人に会う。いつも冗談を言って笑い転げているような人だとしたら、「ハニマンはファニマン（こっけいな人）」なんていうのがいい。その人が身体を二つ折りにして、涙を流して笑い転げている場面を頭に描こう。ジャック・ペインという人に会い、「ジャック・ペインは年中ペイン（痛がる）」という文句がすぐに頭に浮かんだとしたら、彼が痛みで七転八倒、息も絶えだえになっているところを思い描く。そういう画像がばかげていて、大げさで、奇怪なものであればあるほど思い出しやすいことをおぼえておこう。

◆容姿を利用する

名前とその人の実際の容姿か、想像上の容姿、あるいは性格を結びつけてもいい。まず相手のぱっと目につく特徴を選ぶ。髪の様子やはえぎわの具合、目や耳や顔立ちの特徴、あるいは、なで肩であるとか、いかり肩であるとか、一生変わらない特徴なら何でもいい。

やり方はこうだ。ホワイティング氏は白髪だ。しかし彼は本当は黒髪なのに白髪が好きなのだと想像する。だから毎朝ドラム缶入りの白インクを髪にたっぷり振りかけて、ていねいに擦り込んでいるのだと。その場面を頭に焼き付ければ、つぎに彼に会ったとき、彼の白髪がその不思議な場面と白インクを思い出させるだろう。白インクだ。ホワイトインク……ホワイティンク……ホワイティング！　ケン・スマートは額が広い。昔から額の広い人は頭がいいと言われている。ケンは頭がいい（スマート）。だからケン・スマート！

◈意味を手がかりにする

名前の意味を利用する方法は簡単だ。たとえばフィッシャーという名前なら、誰でも自然にその人とフィッシングとを結びつけるだろう。彼が巨大な獲物を釣り上げようと奮闘している映像を頭に焼き付けよう。

もう、おわかりだろう。名前をどう分類するか、どの方法を使うかは重要でない。重要なのは、どんな方法でもいいから名前をできるだけ長く頭のなかにとどめておくゲームをするということだ。そうやって名前の記憶率を上げることである。これはたんに人の名前をおぼえたければ、その名前について**考える必要がある**ということを言っているにすぎない。名前を分類するときには、あるいはつづりを分析するときにも、そういう明瞭な意識が必要だ。できれば名刺、名札、デスクの上のプレートなどで、名前をつづったものも見てみよう。

名前をおぼえることについては、ほかにもいくつか言っておきたいことがある。

◆まず名前のどの部分を使うかを決める。アメリカ人はふつう個人名を使うが、明らかに年長の人や権力者に対しては、「ファーストネームで呼んでください」と言われるまでは、ミスターやミズの敬称をつけて姓を用いる。他の文化では、とくにくだけた呼び方が求められないかぎり、つねにミスターやミズに相当する敬称や、「博士」「教授」などが姓とともに使われる。

◆言葉ではなく画像で記憶する。名前と結びつく画像を頭に描こう。ジュリーならジュエリー（宝石）を、サンディなら砂浜（サンド）を、サム（Sam）ならスパム（Spam）の缶詰を、チャックなら動物のウッドチャックを頭に浮かべ、その画像を焼き付ける。

◆名前を聞いたら、その会話のなかですぐに使うのが得策だが、使いすぎたり不自然になったりしてはいけない。三、四分に一回ぐらいと、別れぎわにもう一回口にするぐらいが限度だろう。
◆親戚や友人や知人の名前と同じだったら、その旧知の人と初対面の人の顔をならべて頭に焼き付ける。
◆何より大事なのはくり返し使うことだ。頭にしっかり定着するまで何度でも使おう。

正直な、心のこもった感謝の言葉やほめ言葉をおくる

友をつくり、友情を保つのに大事なことは、感謝の気持ちをきちんと表わすことだ。エリックが新しく買った工具の使い方をテッドに教えてもらったとき、エリックはその場でお礼を言っただけでなく、その道具を使ったあとでテッドに電話して、彼のおかげで問題が解決し、感謝しているということを伝えた。そのときから二人の友情は一段と深くなる。

自分を成功に導いてくれた人や、毎日をより楽しくしてくれる人たちに対して、私たちはふだん、それを当たり前のように思って、感謝を表わすのを忘れていることが多い。

感謝を表わすことは、友達をつくり、友達でいるのに大事なだけではない。従業員を率いるにも、彼らのやる気を高めるのにも不可欠だ。経営者のなかには、業績に対する評価は昇給やボーナスで十分にしめせるという考えの人が大勢いるが、メリーランド州グレンアームの経営者、ティモシー・Cは、それでいいとは思わなかった。彼の会社で働くケヴィンは他の従業員よりつね

に成績がよく、割り当てられた任務以上の仕事をこなしている。ボーナスは同僚より多かったものの、ティモシーは、自分の気持ちは金銭だけでは十分に伝わらないと思った。そこでケヴィンに手紙を書き、ボーナスの支払伝票に同封する。そこにはケヴィンへの感謝と、彼が会社にとってどんなに重要な人かがつづられていた。のちにケヴィンはこの手紙をもらったことをティモシーに感謝し、それを読んで泣いたと伝えた。その言葉を聞きながらティモシーもまた涙を抑えられなかったということだ。

カンザス州ウィチタの貯蓄貸付組合で金銭出納係のチーフをつとめるヴァージニア・Aは、休暇や病気で休んでいた同僚が復帰してきたときに、大喜びで迎えるのを習慣にしている。休暇はどうだったか、体調はどんなぐあいかをたずね、会社の最新情報を教えてあげる。彼らは彼女が自分たちの帰りを待ちわびていてくれたのだと心から思う。本当に待っていた彼女の真心が伝わってくるからだ。

なぜ感謝の気持ちやほめ言葉を、きちんと表現しない人が多いのだろう。「ありがとう」の一言でもう伝わっていると思い込んでいる人もいるだろうし、当然の仕事をしているだけだから特別な言葉は必要ないと思っている人もいるかもしれない。なかには人をほめるのは、自分の力不足を認めることだから、そう簡単には口にできないという人もいる。

感謝を表わすのに大げさな言葉はいらない。してもらった仕事や受けたサービスをどう感じたか、特別の業績をいかに誇らしく思ったかを正直に述べれば十分だ。いつわりのないほめ言葉を聞き飽きる人はいない。口に出さなくても気持ちは伝わっていると決め込んでいるのは、相手に対して支払い不足である。何をしてもらい、どうありがたかったのかをきちんと伝えるべきである。その行ないの結果が新鮮なうちに、できるだけ早く、うれしさや感謝を表わそう。焼きあがったケーキに白い砂糖ごろもをかけるように、あなたの感謝の言葉が達成の喜びをもっと甘いものにするだろう。

他人をほめることが自分の力不足のあかしのように感じる人は、無意識にこう考えている。「うまくやってくれたと彼らに言えば、きっと彼らは（また他の人々も）自分たちが私より上だと思うだろう」。そんな結論には何の根拠もない。偉大な人々はみな自分を助けてくれた人たちにくり返し謝意を表わしている。実際にはそういう態度によって彼らはますます大きい人間と見られ、従う者の忠誠心はより強くなる。

感謝の言葉やほめ言葉は正直でなければならない。その言葉どおりに感じ、信じているのでないと、相手の心に響かない。きれいな言葉でうそをごまかすことはできない。声も目もボディランゲージも、すべてがあなたの本当の気持ちを映し出すだろう。感謝の言葉をでっちあげても、何の得にもならない。

自分は何をなしたとか、何がほしいといったことを考えるのはやめよう。
それより他人のいいところを探そうではないか。
だがお世辞はいけない。
正直な、心のこもったほめ言葉をかけよう。
「心からうなずき、惜しみない拍手を」おくることだ。
そうすれば、その人はあなたの言葉を生涯、宝物のように大事にし、
何度も思い出すだろう。
あなたがとっくに忘れてしまっても。

デール・カーネギー

他人のすぐれたところをほめ、感謝を表わせば、あなたにも相手と同じぐらい恩恵があるだろう。人をどうあつかうかには、相手をどう思っているかがじかに表われる。だから人の長所に目が向くように頭を訓練しよう。そうすれば友人をつくるのがどんどんらくになる。たとえ相手が長所を探してくれなくても。

ほめて、伸ばす

暴君的な上司はつねに部下の落ち度を探し、とがめ、小言を言い、失敗を決して忘れない。部下が業績を上げても、そっちは当たり前だとしか思わない。一方すぐれたリーダーは、部下の失敗や力不足に文句を言うより、彼らのよい面を後押ししたほうがずっといいことを知っている。

人はつねに批判されていると、自分が愚かで無能に思えてくるうえに、批判した人を恨むようになる。だから他人の行ないに満足できなくても、あなたのやるべきことは、その行動を改めさせることであって、批判してその人の気分を害することではない。

アメリカの有名な心理学者B・F・スキナーは、批判は悪い行動を助長することが多いとしている。なぜならその困り者にとっては、批判されるときだけが人の注意を引けるときだからだ。人間は、自分で気づいていようがいまいが、人から注目されたいのだ。スキナーは、悪い行ないへの反応はできるだけ小さく、よい行ないをほめるときはできるだけ盛大に、と助言している。人の短所ではなく長所に目を付けることだ。

部下が何か失敗しても、声を荒らげたりせずに、静かにこう言おう。「いい勉強をしたね。もっとらくにできる方法を教えてあげよう」。そして仕事ぶりが進歩したら、そのときこそ大いに騒いでほしい。

ほめることは、気難しい相手とつき合うときにも効果的だ。人の社交性は、その人の自己イメージに根源がある。批判的な人、意地の悪い人、冷たい人などは、必ずといっていいほど自己イメージが傷ついている。その傷を癒す手助けをしよう。おそらく態度が一八〇度変わるだろう。表面的な賛辞でなく、人を本当に力づける言葉にするにはつぎのようにする。

◆あなたがその人の何を尊敬／賞賛／評価しているのかを具体的にする。
◆その長所や行動に、あなたがどう感心しているかを言い表わす。
◆具体的な証拠（目撃情報など）をあげ、あなたの評価をより有力にする。たとえば「スー、あなたは本当に行き届いた人ね。会議でいつ質問が出ても、細かい点まできちんと答えられるように資料が揃えてあるんだもの。そういう準備にかけるあなたの努力には本当に感心しているわ」

ほめ言葉をより誠実にし、効果的に伝えるには――

◆相手の目を見て話す
◆相手の名前を呼ぶ
◆単純な言葉にする（「あなたのいいところは……」）

◆証拠をあげる（「どうしてそう言うかというと……」）

人からほめられたら、謙虚なふりをして「そんなのたいしたことじゃありません」というような否定的なことは言わないほうがいい。相手も自分は重要な人間だと感じていたいのだ。だから心から「ありがとう」と答え、認めてもらってどんなにうれしいかを伝えよう。

人をあつかうときは、
相手が論理の生き物ではなく感情の生き物であることを忘れてはいけない。
デール・カーネギー

批判せず、非難せず、小言を言わない

友達になれたからといって、ずっと友達でいられるわけではない。継続には努力がいる。友達を失う大きい原因の一つは批判することだ。批判は相手の自己イメージを傷つけるだけでなく、あなたのイメージも下落させる。批判はたいてい相手を防衛的にするだけで、問題を改めさせる助けにはならない。相手はやっきになって自分を正当化しようとするだろう。あなたに恨みや敵

意を抱くかもしれない。批判は、友人や家族や仕事仲間との人間関係を危うくする。

デール・カーネギーは、人に積年の恨みを抱かせたければ、チクっと一言批判するだけでいいと言った。どれほど正しいと信じてする批判でも、その効果はてきめんだと。

カンザス州ウィチタの主婦アン・Sは、自分がどれだけ非難がましい人間だったかを述懐する。

「私は夫や子供に文句の言いどおしでした。やれ靴下が放ってあるだの、やれ音をたててコーヒーを飲むだのと。それなのに何も解決しないばかりか、たいてい口げんかになって何日もギクシャクすることがよくありました。けれどもいまは、文句を言うかわりに多少のことには目をつむり、どうしても改めてもらいたいことには批判的でない提案をしています。それでずいぶん家の中が平和で楽しくなりました」

批判は、それと気づかず口にされることもあり、相手が傷ついていることが言った側にはわからないことがある。ジョージ・Lは部下に対して皮肉なもの言いをする癖があったが、自分の批判は「ユーモア」にくるまれて、カドが取れていると決め込んでいた。しかし部下たちの苦情が彼の上司のところへもち込まれ、ジョージはそのとき初めて部下を怒らせていたことを知ったのだった。

まちがいや誤解は、もちろん正さなければならない。行動主義心理学者のB・F・スキナーはこうアドバイスする——「きみはまちがっている」とか「こんなやり方ではだめだ」といったことは言わない。たとえば「もっとうまいやり方があるよ」というようにもっていくといい。

「きみはまちがっている」と、あなたは顔でも声でも仕草でも、
言葉と同じくらい雄弁に言えるだろう。
だがそう言ってみたところで、相手が喜んで同意してくれるだろうか。
とんでもない！
あなたは彼の知能、判断力、プライド、自尊心に
真っ向から殴りかかったのだ。
相手は殴り返したいと思うだけで、考えは決して変えないだろう。
たとえプラトン、カントの論理を総動員しても、
彼の意見を変えさせることはできない。
なぜならあなたは彼の感情を傷つけたからだ。

デール・カーネギー

まとめ

友達をつくり、友達でいるために、デール・カーネギーはつぎのような言葉を残している。

◆他人に本気で関心をもてば、向こうから関心をもってもらおうとしているときに二年かかってできる友人よりも、もっと多くの友人がほんの二カ月でできてしまう。つまり、友人をつくりたかったら、こちらから友人になれということだ。

◆相手に心から関心をもつ。いい聴き手になる。そして相手に自分のことを心ゆくまで話させる。

◆名前はその人にとって、他の何よりも心地よく大切な言葉に聞こえることをおぼえておく。

◆批判せず、非難せず、小言を言わない。批判をやめ、手助けを申し出ることで友情と協力が手に入る。

◆人の長所に注目し、ほめて、その長所を伸ばす。

◆正直な、心からの言葉で感謝を表わす。これまでの人生であなたを成功に導いてくれた人や、毎日の生活をより楽しいものにしてくれる人たちに、感謝の気持ちを表現してほしい。

第3章 協調・協力・協同

人がなし遂げることには、他人と力を合わせたおかげという部分が少なからずある。一人でもある程度のことはできるだろうが、誰かといっしょに努力したり考えたりすれば、力はそれだけ大きくなる。おまけに人生には、希望や励みや頼りになるものが増える。

本書の編者で人材管理コンサルタントのアーサー・ペル博士は、企業や非営利団体のリーダーとして成功した人々の管理スタイルを研究し、何より重要だった要素は「三つの協」だったと報告している。協調精神、協力関係、協同体制だ。

職場であれ、個人的なつき合いの場であれ、人が力を合わせて事にあたれば成果が上がり、人生がより豊かで幸福になるということにはほとんどの人が同意できるだろう。

たいていの人にとって人生で最も大切な人間は家族――両親、配偶者、子供たちや他の親族――

とよき友人たちである。私たちは彼らから学び、彼らは私たちから学ぶ。彼らとのつながりが人生を豊かにし、おそらく成功にも大きく貢献するだろう。同様に大切なのが職場でともに働く人々だ。共同経営者や同僚、部下や上司、顧客や売主など、仕事をとおして交流のある人々は、私たちの成功への旅のパートナーだ。そして私たちもまた彼らの成功に貢献している。

こういう人々を「仲間」と見よう。ともに働く仲間になれば、一人で働くより多くを達成できる。ゴールの達成という願いにおいてはみなが対等だと認め合えば、おたがいに協調と協力を得ることができる。

人に何かを与える

人に会う機会を逃すことは、どんなときでもまちがいだ。人に会えば必ず何か値打ちのあるものが得られる。私たちが人間として丸くなり、洗練され、魅力的になっていくのは、人づき合いをとおしてだ。

そこにあなたの何かを与えようという決心をもって人とのつき合いを始め、それを自分を成長させたり社交性をみがいたり、訓練不足で眠っていた潜在性を目覚めさせる学校にするならば、そのつき合いは決して退屈だったり実りのないものになったりはしない。ただし必要なのは、そこにあなたが何かを与えることだ。さもないと何も得られないだろう。

出会う人のすべてが、あなたの人生を豊かにし、あなたの経験を広く大きくしてくれるような宝を抱えているのだと思えるようになれば、もう人づき合いに時間は惜しめない。

人と友になり、その人の意見を動かす最も確実な方法は、その意見を十分に考慮して、自分は重要な人間だという相手の気持ちを支えることだ。

デール・カーネギー

職場に協力関係をつくる

オードリー・Rは、婦人靴店の店長として赴任した最初の週に重要なことを学んだ。彼女はそれまでほかのチェーン店の店長として優秀な成績をあげており、今回はより大きい店舗への昇進だった。だが町のべつの地域にあるその店は、売り上げが伸び悩んでいる。新店長はディスプレーされた商品をひと通りながめると、直ちにいろいろな指示を出した。しかしスタッフはいやいや従っているようにしか見えない。それでも彼女は無理強いしなかった。デール・カーネギーのこの原則を思い出したからだ――人と友になり、その人の意見を動かす最も確実な方法は、その意見を十分に考慮して、自分はこの場の重要な人間だという相手の気持ちを支えることだ。スタッフにいくつか質問すると、彼らもディスプレーに満足していないだけでなく、前の店長が彼らに提案の機会を与えていなかったことがわかった。その話し合いをきっかけに、スタッフのあいだからすぐれた提案が続々と出るようになり、ほどなく状況は大きく改善されたのだった。

「三人寄れば文殊の知恵」といわれる。オードリーのように自分の知恵にくわえて大勢の知恵が利用できれば、成功の可能性はずっと高くなる。職場でもどこでも、周囲の人々をパートナーにすることだ。

協力関係にはつぎの三つの要素が必要だ。

敬意◆仕事の仲間でも、家族や友人のあいだでも、協力し合う相手に対しては敬意がなければならない。

信頼◆パートナーに全幅の信頼が置けないかぎり、本当の協力関係は築けない。おたがいに相手を信じていなければならない。

協同体制◆協力関係の本質はいっしょに仕事をすることである。同じ目標に向かい、達成への熱意を分かち合い、考えをもち寄り、おたがいの意見に耳を傾けなければならない。

チームを育てる

私たちは幼いときから、遊び場でも学校でも、他人と協力することを学んできた。学校の授業でクラスメートとチーム競技もしたし、ほかの生徒と組んで討論会などの課外活動もした。そして社会人になると、ほとんどの職場でも、仕事仲間と密接にかかわりながら働くことになった。業務が大きく複雑になるにしたがい、個人で仕事をするよりグループで働くほうが能率がよくなる。したがって多くの会社が、そういうグループのメンバーに自分たちを一つのチームと見ることを奨励している。

有能な管理職は、グループの活動を逐一指示したり監督したりせず、またあらゆる決定を自分一人で行なったりもせずに、メンバーの協同体制を利用して、そこにより多くの責任を与えている。そうすることでメンバーはおたがいを、共通のゴールに向かってともに働くパートナーと見るようになるからだ。

企業家や有能な経営者は、人を触発してやる気にさせるのがとてもうまい。それは命令を出すのとはまったく違う。本当のリーダーは、私がボスだ、私の言うとおりやりなさい、とはあまり言わない。「いっしょにがんばって、この仕事をやり遂げよう」といった言い方をすることが多い。そうやって職場のやる気をかき立て、精いっぱい働いて利益を上げたいという欲求を部下の心に植えつけるのだ。ナポレオンは「士気を一〇とすれば物質的戦力は一」だと言った。べつの言い方をすれば、やる気や欲望やエネルギーといった無形のものが、兵士や武器や物資のたんなる数量より一〇倍の値打ちがあるということだ。

人がもちうる最も重要な力とは何だろう？
それは管理能力でも、偉大な思考力でも、
やさしさでも勇気でもユーモアを解する心でもない。
もちろんそのどれもがきわめて重要ではあるが。
私の考えでは、それは友をつくる力である。
それは結局のところ、他人の最もよいところをみつける能力だ。

デール・カーネギー

協同体制が思考力を刺激する

チームのメンバーや、あなたの守備範囲とは異なる他の分野の専門家と協力して働けば、彼らから（彼らもあなたから）学ぶだけでなく、グループ内のやりとりそのものがあなたの思考力を刺激するだろう。あなたの知性をみがき、視野を広げ、創造性をかき立てるだろう。

ある人のアイディアが他人のアイディアを誘発するのはよくあることだ。あなたの頭脳には無限の思考を生み出す力が潜在する。人の知力のほとんどは無意識の底に埋もれ、開発されるのを待っているのだ。グループのメンバーが議論すると、誰かの口にした何かが他人の無意識からアイディアを引き出してくる。どんなアイディアもべつの頭脳にタネをまき、べつのアイディアを発芽させる。タネがまかれるたびにべつの土壌に吸収され、そこで違うかたちにつくりかえられるのだ。すなわち協同作業は、独力では生み出せなかった新しい思考をつくりだすのである。

協同体制がやる気をかき立てる

意思決定に参加した人間は、成功への意欲をかき立てられる。決定の過程に一役買うことで、その企画が「自分の企画」になるからだ。この「自分のもの」という意識ほど、情熱をかき立てるものはない。心の中には「これは私の企画だ。必ず成功させてみせるぞ」という声が、朝から晩まで響いているだろう。

心の中にあるものが結果を決める。人が本気で熱くなれば、目の輝きや、引き締まった面持ちや、きびきびした態度に表われる。はずむような足取りにも、全身からあふれる活気にも見て取れるだろう。情熱は他人や、仕事や、世界に対する態度を変える。人間としての魅力や輝きも大きく変える。

仕事に情熱を燃やすと、人はそこに全力を――知的、身体的全エネルギーを投入する。成功を確実にしようとして、へとへとになるまでがんばるだろう。熱中の興奮や喜びや満足感が、活動のすみずみにまで浸透する。日常の活動の多くにそれほど熱い気持ちをもつことは決して容易ではないが、それを可能にするのが協同体制だ。チームが一丸となって熱くなれば、そのエネルギーと意欲はどこまでも高まり、成功は確実になる。

私生活での協同体制

協同体制は仕事の場だけではない。生活のあらゆる面にあるべきものだ。人間は一人で生きるようにつくられてはいない。したがって私たちは配偶者や子供たちをはじめ、友人や信仰上のリーダーや、社交や市民運動の仲間や、そのほかいろいろな人々と協力的な関係を築いていく必要がある。

人生において最も重要な人間関係は、おそらく家族だ。幼いときは身体的にも感情的にも両親に依存しなければならず、これが私たちにとって最初の協力関係になる。そして成長するにつれ、全面的に支配的な親と従属的な子供という関係が、より協同体制的なものへと変化していく。子供も責任を負い、家事を引き受け、そして時間とともに家の中の独立したメンバーになっていく。

結婚した夫婦のあいだの最も幸福で実り多い関係も、協同体制から生まれる。確かに妻と夫にはそれぞれべつの役割がある。しかし彼らの結婚生活がどう運ぶか、子供たちがどのように育つか、二人がそれぞれの個人的ゴールを達成することにどれだけ成功するかを決定するのは、彼らの相互関係のあり方だ。

トルストイが「幸福な家庭はみな似ているが、不幸な家庭は、どう不幸なのかがそれぞれ違う」と言ったように、幸福な家庭をつらぬく共通の糸は、おたがいへの敬意だ。彼らはともに働き遊ぶ仲間であり、真のパートナーであり、協同体制のメンバーだ。

私たちの人づき合いの範囲には、家族のほかに、人生のいろいろな部分を共有する友人や知人もいる。友人のなかには家族同様の深い関係の人もいて、そういう人々は、人生のある面では同僚であるかもしれない。所属している団体のメンバーとのつき合いもあるし、地域社会や教会でも交友関係が生まれる。

そういう人々と、何かのおりに協同体制的なグループをつくることになるかもしれない。政治的な問題にとくに関心があるなら、考えを同じくする市民グループに参加して、問題の追究に乗り出すかもしれないし、スポーツチームの一員となって試合に出るかもしれない。教会やモスクや寺院の信徒として行事や修行などに参加することもあるだろう。

そういう場で、メンバーの協力を得るのが難しいと思うことはないだろうか？　そんなときはつぎのやり方を試してみよう。きっと効果がある。

◆協調性のない人や、やる気のないメンバーには、リーダーか副リーダーの役目を割り当てる。
◆「あなたの力が必要です」と訴える。
◆「あなたはどう思いますか?」とたずねる。
◆「やってみましょう!」と誘う。
◆そういう人たちを動かしているのは何かを探り当て、相手の身になって話をする。
◆アイディアや意見をつのる提案箱をつくり、意見を取り上げたり、提案を実行したりする。
◆意見のすり合わせや、歩み寄りに快く応じる。
◆自分の考えを述べ、それが相手の利益になることを説明する。
◆助力を求め、握手して確約する。

人を育てる環境をつくる

世間の最も大きなまちがいは、もしも若者に潜在能力があるなら、いずれ芽が出るだろうというものだ。出るかもしれないし、出ないかもしれない。どっちになるかは、あらかた環境で決まる。野心をかき立て、根性を引き出すような環境があるかないかである。偉大な能力が、つねに強い信念や大きな志をともなうとはかぎらない。

だいたい来る日も来る日もカウンターの向こうに立って婦人靴や電気部品を売ったり、ベルトコンベアーの前で組み立て作業に従事したり、コンピュータにデータを打ち込んでいたりする人々が、自分にどんな力があるか、どうやって知ればいいのだろう。自分に人をまとめる力や経営力や進取の精神がひそんでいるのかどうか、どうしたらわかるのか。

確かにいくらか野心や勇気のある者は、やがて頭角を現わして、自分で事業を起こしたりもする。しかし、それは必ずしも彼らが他のついぞ浮かび上がれなかった人々より有能だったということではない。ときにはひどい内気や臆病のなかに、大変な才能が隠れていることがある。

異例の昇進を果たしたアーロン・Cは、その日から半年もたたないうちに、彼を知る人のすべてが仰天するような目覚ましい手腕を発揮する。親友でさえ、彼にそんな才能があったことが信じられなかった。しかし大きな責任と、追い詰められた状況が彼の埋もれていた才能を引き出し、開花させたのだ。昇進とそのショックが、彼の野心を目覚めさせ、思いもよらないパワーを呼び出したのである。

死に物狂いになることで、彼のように最良のものが引き出される場合もある。しかし現実にはパニックと失敗を招くことも少なくない。会社は成功につながるような環境を確立して、従業員の昇進に備える必要がある。

ディスカウントチェーンのウォールマート・ストアーズの創業者サム・ウォルトンは、早くから社内に「三つの協」――協調、協力、協同の気風を育てた。管理職全員に広めていた自身の経営哲学はこういうものだ。「部下を知りなさい。彼らの家族や悩みや希望や野心を知りなさい。彼らを個人として評価し、ほめなさい。彼らに日々関心をしめしなさい。私たちは誰もみな、さまざまな長所短所をもったただの人間だ。だから真剣な努力にくわえて、十分な理解とコミュニケーションがあれば、勝利に役立つだろう。リーダーはつねに自分より部下を優先させなさい。そうすれば業績はひとりでに上がる」

彼は従業員を「仲間(associates)」と呼び、その意見や提案に耳を傾け、真剣に検討する仕組みをつくりあげた。協調精神と協同体制は組織のすみずみまで浸透し、管理職と役員のほとんどは平社員から取り立てられた。

人にどんなことでもさせられる方法がこの世に一つだけある。
それは自分からそれをやりたいと思わせることだ。
もちろん相手のあばら骨に銃をつきつければ、
時計を差し出したいと思わせることもできる。
クビにすると脅せば、雇い人に協力させることもできる
――少なくとも見張っているあいだだけは。
ムチか脅しを使えば、

子供にあなたのさせたいことをさせることもできるだろう。しかしこういうお粗末な手では、手痛いしっぺ返しが来るだろう。人に何でもさせられる唯一の方法は、人のほしいものをあげることだ。

デール・カーネギー

半導体最大手のインテル社を創業したアンドリュー・グローヴは、仕事に競争スポーツの性格をもたせよと言う。「職場にそういう精神をもたせるのにいちばんいいのは、ゲームのルールを決めて、社員に自分の能力を判定する手段を与えることだ」

グローヴは技術、マーケティング、財務、経営管理など多分野の社員と組んで仕事をした。そのチーム精神を生み出す仕掛けの一つが、型破りな職場環境だ。全員が決まったスペースの仕切りの中で働き、幹部役員にさえ個室もなければ専用駐車場も、他のどんな特典もない。全員が本当にチームメートなのだ。気前のいいストックオプション（新株予約権）制度があって、会社の収益が上がって株価が上昇すれば、社員も分け前にあずかる。すでに何千人もの社員が億万長者になっている。

協力関係や協同体制を経営戦略のかなめにしているもう一人のビジネスリーダーは、情報処理サービスのＥＤＳを創業したロス・ペローだ。チーム体制が奇跡を起こすことを彼が語っている。

「数年前、わが社はコンピュータ産業史上最大のコンペティションに参加した。初期の混戦がおさまると、リングに残っているのはＩＢＭとわが社だけ。まるでニューヨークヤンキース対バッドニューズベアーズだ、あの『がんばれ！ベアーズ』の。向こうは三二〇人を投入したが、うちは一五人。締め切りまで三〇日というころ、部屋に入っていくと一五人がぼやいている。やれやれ、これではとても勝てないな、でもいい経験だよって。私は地団太踏んで連中をどやしつけたりはしなかった。黒板のまえへ行って、七項目の判定基準を書いた。そして静かにこう言った――七―〇でうちが勝つ。わが社が勝ったのはそのときだ。

こんな質問が出るかもしれない。『財務の連中がやってきて、四―三でいいよと言わなかったかい、そのほうがコスト効果が高いからって』。いいや絶対に七―〇だ。うちのチームは二年間、一週間に七日、昼も夜も働いてきたんだから。そしてついにわが社の勝利が宣言された。わが社にはすぐれた業績が達成されたら、その日のうちに表彰する習慣がある。もちろん彼らはボーナスも、昇給も、ストックオプションも手にした。おまけにその晩は大パーティーさ」

協力関係は信頼が支える

協力関係や協同体制を機能させるには、まず管理者がスタッフに受け入れられなければならない。リーダーがスタッフの信頼を得ていなければならない。信頼は証明書や免許状では生まれない。人柄や価値観や、行動の正しさをとおして築かれていくものだ。信頼を築くのは、その人の知識ではなく、知識にもとづく行動だ。

職場で信頼を得るのに役立つ一二の助言をしておこう。


1◆部下を知る。何が彼らを動かしているのかを探る。彼らが学び、成長するのを助ける。

2◆部下に自分の考えを述べさせる。たとえ上司に反対されるとわかっていても自分の意見を述べるという態度を奨励する。意見の違いや偏りや多様性を尊重し、そこに価値を見出す。

3◆部下を決定に参加させる。彼らの話に進んで耳を傾け、新しい考えに柔軟な姿勢をもつ。協同で意思決定するシステムをつくる。

4◆率直に、きっぱりと話す。命令するのではなく説得する。あなたの意見を裏書きする証拠をしめす。

5◆謙虚な専門家になる。他の人の専門知識や意見を尊重する。

6◆頼れる人になる。約束は必ず守る。始めた仕事はやり遂げる。

7◆理性的に、公明正大に、誠実にふるまう。

8◆部下に任せ、好きなようにやらせる。細かく口を出さない。

9◆情報源になる。「私は知らない」ではなく「私が調べよう」と答える。
10◆目標や結果を伝えるときには現実的になる。
11◆責任を引き受け、まちがいや失敗や損失を率直に認める。
12◆栄光を分かち合う。部下の功績をしかるべくたたえる。

チームで問題を解決する

ジョージは問題を解決する手腕に自信があった。職場でもち上がるいろいろな問題をじっくり調査し、分析し、やがて解決策にたどりつく。たいていはそれですんだが、ときにはやり直しや調整が必要になる。その話を上司にすると、彼女はこう言った。「あなたは問題解決が上手よ。でももっと成功率を上げられるわ。あなたは優秀なグループをもっているじゃないの。どうして彼らを利用しないの。問題解決に参加させなさいよ」

「問題解決は私の仕事ですから。そのための部長でしょう」と彼は抵抗した。

「あなたの仕事は、できるだけ効率が上がるように部を取り仕切ることよ。それにはありったけの資源を有効に使うこと。人的資源だってその一つでしょう。やってごらんなさいよ」

ジョージは上司の助言で問題解決と意思決定のセミナーに参加し、そこで学んだことを実行することにする。まずはグループのメンバーを呼び集め、彼らにつぎのような手順をしめした。

◆問題を正確につきとめる。
◆問題の原因をつきとめる。
◆見込みのある解決策を探す。
◆最良の解決策を選ぶ。

この作業を終えれば、つぎは解決策の実行である。誰かを実行の責任者に指名して、実施計画案をつくることになる。

ブレーンストーミング

前掲の問題解決の手順の初めの三段階には**ブレーンストーミング**が利用できる。ブレーンストーミングは「青信号思考」とも呼ばれ、目的は状況を偏見のない目でながめ、問題の性質や、なぜその問題が起きたかや、考えられる解決策について参加者からどしどし意見を出してもらうことだ。ふつうの会議と異なる点は、できるだけ多くの案を引き出すことを目的とするので、批判も分析もせず、拒否したり受け入れたりもしないこと。どれほどばかげていようと、無意味に見えようと、意見やアイディアはすべて歓迎される。

ブレーンストーミングの心理学的原理はトリガー（引き金）効果と呼ばれる。ある案が、聞き手の頭の中でべつの案の引き金を引く。誰かの出したばかげた考えが、べつの人のすぐれた考えにつながるというわけだ。参加者は自由に考えればよく、その発言が上司や同僚にどう思われるか気にせずともいいので、思考が好きなように広がって、とっぴな案や途方もない案も出る。それ自体は価値がないかもしれないが、それらがどんな貴重なアイディアにつながらないともかぎらない。

おぼえておこう、「青信号」だ。「行け！」である。批評はなし。賛成も反対もなし。「注意」も「止まれ」もなし。ヒッチハイクは大歓迎。そこに来合わせたどんなアイディアに便乗してもかまわない。

出された案はすべて記録され、話し合いのあと、分析される。いまや青い光は消えて、判断の段階になる。

すぐれた解決策を選ぶには、先入観を捨てなければならない。「これは前回試したけれど効果がなかった」と片付けるのは簡単だが、前回とは事情がいくらか違うかもしれない。新しいテクノロジーやスタッフの能力が向上したせいで、前回はだめでも今回は役立つ案になっているかもしれない。分析は綿密でなければならず、ここは勘ではいけない。判断の基準を設け、それに照らして新しいアイディアを評価しよう。客観的で妥当な目安を用いてアイディアの価値を判断する。

部下のあいだで意見が割れたとき

あなたと誰かの意見が合わないという場合はさておき、部下や関係者のあいだで意見が合わず、あなたにその解決が求められることがある。

意見が合わない理由はいろいろある。もっともな理由もあるが、感情的な理由のこともある。懸案のことがらや相手に対して当事者が強い感情をもっているときだ。リーダーの役割は、仕事がちゃんと仕上がるように、その不一致を解決することである。

臨時の企画をジャックとジャクリーンに任せたカレン・Hは、仕事をどう進めるかで二人の意見がまったく合わないという事態に直面する。二人とも自分の案を絶対にゆずろうとしない。そこを乗り越えないかぎり、仕事はストップしたままだ。

部下のあいだの意見の違いを管理職が解決する方法は二つある。「仲裁」と「仲介」。「仲裁」をするときは、管理者が双方の言い分をよく聴いて、その後どういう方針で行くかを決定する。一方「仲介」では、管理者は対立する双方の歩み寄りを手助けするだけである。どちらのやり方にも利点と限界がある。仲裁は時間がかからない。時間は大切かもしれない。しかしその決定は仲裁者の独断になるわけで、従う者のどちらにも不満が残るかもしれない。仲介は時間はかかるが、当事者の熟考を促して、双方が同意できる解決に至らせられる。意見の合わなかった人々でも、自分たちで解決できるようお膳立てされれば、双方が納得のいく答えをみつけられることが多い。それは学習経験ともなり、知識と仕事の能力を伸ばす一助になる。

仲裁と仲介

◆合意を「仲介」する

カレンはジャックとジャクリーンのあいだをどうやって取りもったのか？　意見の対立に気づいたカレンは、すぐに二人を自分の部屋へ呼び出し、彼らが合意に至るのを手伝うつもりだと告げた。そしてそのあと二人に何をしてもらうかを説明した。対立を解消して最良の結果を手に入れる手法と過程を、双方が了解している必要があったからだ。

基本的なルールを述べて二人が了解すると、カレンはまずジャックに、彼が状況をどう見ているかを語らせた。彼の話がすんだら、こんどはジャクリーンが自分の見解を述べるというのが予測される筋書きだ。ところがそこに、もう一つの中間的なステップがあった。ジャクリーンはジャックの見解を述べ直すことを求められたのだ。これが合意の仲介を成功させるカギとなる要素だ。相手が問題をどう見ているかを十分に理解していないかぎり、歩み寄りは不可能だ。もし彼らがこのステップを踏まず、ジャックの言い分を振り返ることなしにジャクリーンが自分の話をすることになっていたら、事態はどうなっていただろう。ジャックが自分の申し立てをしているあいだ、ジャクリーンはおそらく彼の話をうわのそらで聞いていた。彼女の頭はジャックの主張にどう反論するかでほぼ手一杯だったにちがいない。ところが相手方の言い分を述べ直す手順になっていたために、おたがいが相手の話を真剣に聴かざるをえなかったのだ。

自分の話が正しく解釈されたことにジャックが同意すると、いよいよジャクリーンが自分の見解を述べる番だ。こんどはジャックが彼女の見解を述べ直す。カレンは、双方が問題を同じようにとらえていることを確認すると、つぎのステップへ移った。双方が同意できるところとできないところを書き出していく作業だ。

たいていの場合、双方が同意できるところのほうが、できない点よりずっと多い。そういう項目を紙に書き出していけば、同意できることがらは直ちに処理することができ、解決が必要な項目だけに議論を集中できる。

二人はカレンの助言を受けながら、意見の相違を一つずつ検討することになる。しかし管理職が一つの案件にかかわっていられる時間には限りがあるので、このミーティングにもタイムリミットを決めておく必要がある。時間内にすべてを解決できなければ、あらためてミーティングをもつことになるかもしれない。一組の対立を解消するのにかけられる時間は、その状況の緊急度や、管理者および当事者たちの時間の都合によるだろう。あらゆる努力をしても期限内にすべての項目が合意に至らないかもしれない。そのときは、カレンがそれらに関して仲裁に乗り出さなければならなくなる。しかし仲裁は最後の手段とし、どうしても合意できなかった場合に限るべきだ。

◆対立を「仲裁」する

意見の対立を解消するのに仲裁という方法を選んだときは、つぎのようなステップを踏むのが効果的だ。

◆事実をつかむ

両者の話を念入りに聴くだけでなく、自分で調査して情報を十分にする。〝ハード〟な事実だけでなく、そのかげにある感情や気持ちも把握する。

◆事実を評価する

問題の性質と、その状況に作用しているかもしれない微妙なことがらをしっかり理解する。

◆代案を探す

両者の提案する策だけしか選択肢はないのか？　妥協はできないのか？　べつの策は考えられないか？

◆決定を下す

◆両者に決定した内容を通知する

決定したことがらを両者に確実に理解させる。必要があれば、彼らにその決定を「売り込んで」同意を取り付け、決定に従うことを約束させる。なぜその決定に至ったかを説明するときは、相手を十分に尊重して話をする。「私は上司だ。これは上司の決めたことだ」というような上意下達ではいけない。決定の理由を関係者全員に理解してもらい、実行に移すまえに誤解をなくしておく。

感情的不和を解消する

意見の対立が筋のとおった理由でなく、感情的な理由から起きている場合はどうするか？　根の深い怒りや恨みから不和が生じている場合は、あまり打つ手がない。組織内の出世競争や権力争いに巻き込まれれば、中傷や裏切りも起きる。自分を裏切った相手を好きになれというのは無理な相談かもしれない。

しかしたいていの場合、反感をもつ理由は根深いものではなく、たんなる誤解であったり、なんとなくその相手が気に入らないといったほどのことだろう。

ラリーは職場に団結心がないのが気がかりだった。部下のあいだに口論が絶えず、ときどき派手な衝突になることもある。デール・カーネギー・トレーニングのあるワークショップに参加したラリーは、そこで学んだことの一つを実行してみようと部内のミーティングを開いた。職場にチームワークがいかに大切かを語って、いくらか場を盛り上げたあと、六人の参加者に紙を配る。そこに各人が他の五人の名前を書き、それぞれの名前の横に、その相手のいちばん好きなところを書き記すのだ。そのあと一人ずつ自分の書いたことを、相手を見ながら読み上げる――。

カールはマリーを見ながら読んだ。「何か教えてほしいとか手伝ってほしいと言うと、あなたはどんなに忙しくても自分の仕事の手を止めて、ぼくの頼みをきいてくれます」。それまでカールはマリーに対して一度も感謝を表わしたり、援助を評価したりしなかったので、マリーは内心、彼を恩知らずの嫌なやつだと思っていた。しかしこのときからカールを見直しはじめる。

リルはロンに語りかけた。「私は毎朝、重たい気分で会社へ来ています。でもあなたから、おはようと元気な声をかけられると、今日も来てよかったなと思えます」。ロンはリルを気難し屋だと思い、親しくする気になれなかった。しかしこんなふうに言われれば、悪い気はしない。

ミーティングが終わって持ち場へ帰ったときは、参加者の誰もが同僚をそれまでより好ましく感じていた。自分をほめてくれたばかりの人を嫌うのは難しい。その後、管理者が部下どうしの関係に気をつけていれば、この結果はさらに向上するだろう。もしも人の悪口を言う者がいたら、その人間に、ミーティングではその相手がほかの人からほめられていたことを思い出させてやればいい。そうしたことでミーティングの効果は強化され、そのとき生まれた善意がよみがえる。

まとめ

部下や同僚のあいだに協調と協力と協同の精神を育てるには――

◆「あなたの助けが必要だ」と口に出して言う。
◆「きみはどう思う?」と聞く。
◆「やってみよう」と誘う。
◆問題が起きたら、仲間とブレーンストーミングをして解決をめざす。
◆その人を動かしているものが何かを見抜き、相手の身になって話をする。
◆妥協や歩み寄りの交渉をいとわない。
◆自分の考えを述べ、相手にどんな利益があるかを説明する。
◆支援を求め、握手して確約する。
◆グループ内で意見が対立したら、原因を探し、「仲介」の労を取って合意に至らせる。
◆仲間の悪いところではなく、よいところに目をつけることを奨励する。

対立を「仲裁」するときは――

◆事実をつかむ
◆事実を評価する
◆代案を検討する
◆決定を下す
◆決定したことがらを関係者全員に伝える

第4章 信頼を築く

職場であれ他のどんな場所であれ、人間関係の基礎は信頼である。グループのメンバーがリーダーを信頼できなかったら、あるいはたとえ一人でも仲間を信頼できなかったら、何一つ進歩はないだろう。

リーダーとして成功するか否かは、部下から信頼されるかどうかにかかっている。信頼されていれば、何を言っても耳を傾けてもらえるし、そうでなければ、あなたの言葉のほとんどは彼らの頭上を素通りしていく。

信頼を失うのに手間はかからない。リーダーが約束をして、それをきちんと果たさなかったら、それでおしまい。同僚から求められた情報を出し惜しみしたら、もう誰からも信頼されない。

信頼を回復するのは容易ではない。グループのメンバーのあいだに信頼感が欠けているというなら、リーダーが乗り出して、何とか改善できるかもしれない。しかしリーダー自身がグループの信頼を失ったら、もとの人間関係を取り戻すには途方もない努力がいる。

リーダーとしてチームやグループの信頼を得る方法の一つは、メンバーの独立心を養い、自分のプランを実行するのを奨励することだ。彼らに自分の意見を述べる機会を与えよう。たとえ雇われているのであっても、機械の歯車の一つになるのではなく、できるかぎり自分で考え、自分のアイディアを実行することを奨励する。

一九世紀末にメイシー百貨店の社長だったネイサン・ストラウスは、商いが大成功した秘密をたずねられ、こう答えている。それは損得勘定をいっさい抜きにした人のあつかい方だ。敵をつくるのはご法度。お客様に不快な思いをさせるとか、向こうの弱みにつけこむなどはもってのほか。お客様に、不当にあつかわれたと思わせる理由をみじんも与えてはいけない――。すなわち目先の利益にとらわれず、人を最も公正にあつかうことが、長い目で見れば最大の利益を生むというわけだ。これは顧客をあつかう場合に限らない。誰とつき合うときにも言えることだ。職場でも、人生の他のどんな交流の場でも、リーダーや仲間として人に接するときに欠くことのできない要素である。

リーダーの座につくのに、ずるい手を使ったり、他人に圧力をかけたり、ライバルを冷酷にあつかったりして目的を果たす者がいる。その一方で、誰にでも公明正大に接し、気配りと思慮深さをもってその地位につき、本人に手腕があるだけでなく周囲に大勢の人格者を集めているリーダーもいる。両者の差は歴然としている。公明正大なリーダーは周囲の人々からはるかに多くのものを得、士気の高い組織をもち、誰からも敬愛される。

私たちは本能的に人柄というものを信じている。何かのために公然と戦える人間、真実と正直を旨とする人間に敬服する。必ずしも自分と意見が合わなくてもいい。人物の強さ、言うことの正直さ、主義主張のゆるぎのなさに心を打たれるのだ。

ドミノ・ピザの創業者トム・モナハンの例を見よう。およそ三〇年間に、ほんの一軒のピザ店を何千店もの宅配チェーンに育て上げた人物だ。一九八九年、彼は大繁盛していたその会社を売却し、慈善活動に専念することを決意する。

だが計画どおりにはいかないもの。二年半後、チェーンを買い取った会社が、それを倒産寸前に追いやったのだ。モナハンはこれを自らの誠意に対する侮辱と受け取った。何年もかかって会社を育て、顧客と従業員の信頼をつちかってきた。それがいま無残にも破壊されている。モナハンは会社を買い戻し、その再建と信頼の回復を決意する。

彼はもてる力のすべてを注いでドミノにかつての繁栄を取り戻させただけでなく、チェーンを六〇〇〇店もの規模に拡大する。そのうち一一〇〇店は、米国以外の国にあった。

チェーンが立ち直ると、モナハンに新たな、また深刻な問題がふりかかった。ドミノの大きな売り物は、配達の迅速さを保証した点だ。注文してから三〇分以内に顧客のもとへ届くことが保証されていた。

これがいくつもの訴訟を招くことになる。三〇分の締め切りを守ろうとしてぶっ飛ばしていく宅配ドライバーが事故を起こし、けがをさせられたと訴える人が続出したのだ。ドミノのドライバーに殺されたとされたインディアナ州のある女性の家族には、三〇〇万ドルが支払われた。べつの女性に七八〇〇万ドルの賠償金が裁定されたのが決定的な痛手となって、ドミノは三〇分の保証制度を取り下げる。

この財政的難局にさいしても、モナハンはあきらめなかった。地に落ちた信頼をいま一度回復することを決意すると、それまでよりもっと多くの資財と時間とエネルギーを注ぎ込んで、みごとに会社を立ち直らせる。もちまえの粘り強さと前向きな姿勢で一歩一歩と前進し、チームに負けじ魂を吹き込んで、やがてドミノ・ピザを業界ナンバーワンの座にのしあげたのである。

人の言うことなんか気にしないで、
みんなが感心するようなことをなし遂げることに全力をあげてごらんなさい。

デール・カーネギー

守れない約束をしてはいけない

守れない約束は誰でもしている。決して口先だけの約束ではないつもりでも、どうにもならない事態が起きて、守れなくなってしまうのだ。

スティーヴはアシスタントのアリシアに、年末には給料を上げてあげると約束した。しかしあいにくなことにその年は会社の業績がひどく悪化して、賃上げは全面的に凍結。アリシアはもちろんがっかりしたが、それでもスティーヴへの信頼は失わなかった。たとえ昇給が実現しなくても、彼が上司に進言してくれたのを知っていたからだ。

デズモンドは自分のチームに、期限より早く仕事が仕上がったら金一封を出すと約束した。しかし彼にそんな約束のできる権限はなく、金一封など出ないとわかるとチームは彼を信頼しなくなった。

裏切った相手の信頼を取り戻すのは、不可能ではないにしろ、とても難しい。デズモンドのチームのメンバーが、彼に触発され、将来のチャンスに備えて自分をみがこうという気持ちになるとは、あまり考えられない。

信頼されることは誰にとっても必要である

信頼されなければならないのは、組織のリーダーだけではない。職場であれ、人生の他のどんな場所であれ、周囲の信頼を得ることは誰にとっても必要だ。

どの職場にも必ず一人や二人はいるのが、仕事をサボることにかけては専門家とおぼしい従業員だ。彼らは雇い主のためにベストを尽くすことも、気前よく骨を折ることもしないが、実際にはそれよりもっと熱心に働いている。悪知恵を働かせたり、怠けたり、重労働を何とか逃れようとするのに一生懸命だ。この世で最もつらい仕事は、いやいやする仕事である。そういう人々は決して信頼されず、何をやっても成功する見込みはほとんどない。

あなたが自分のベストを尽くそうと決心し、手を抜いて自らを卑しめることがなければ、上司の信頼を得るだろう。いつでも目をそらさずに、自分をまっすぐ見られるようにふるまおう。そうすれば、あなたの汚れのない気高さと誠実さと信念から、勇気がわいてくるだろう。

実のところ、あなたが自分をどう思うかに比べたら、雇い主や同僚がどう思うかは、いや世界中がどう思うかでさえ、半分も重要ではないのである。あなたにとって他人は、生涯を通じて比較的小さい存在なのだ。あなたは昼も夜も、その全存在をつうじて自分とともに生きなければならない。そうすれば気高さを失うことは決してない。

まっすぐな人でいる勇気をもつ

世界がつねに求めているのはこんな人だといわれる。飾り気なく正直で、信頼できる人間。真実を述べ、世界をまっすぐに見つめ、自慢せず、逃げず、静かな勇気をたたえ、自分のやるべき仕事を心得て、それに打ち込む人間。うそをついたり怠けたりごまかしたりせず、恐れずにきっぱりと「ノー」と言い、そして「自分がまちがっていた」とためらわずに言える人間。

道義心、それは信頼のみなもと

道義心を辞書で引くと、「人として踏み行なうべき道を守る心」とある。固い道徳心や職業的規範をもち、ぐらつくことなくそれらを守りとおすような人間性である。道義を重んじる人は必ず信頼される。

道義心の大きな成分は正直さである。正直だけでは成功は保証されないが、たとえ失敗しても、それはあっぱれな失敗であって、その人の値打ちや評判が傷ついたりはしない。

正直な商いをする人には誰もが敬服する。不正直な人間でさえ、他人がそうであることには賞賛を惜しまない。つねに公明正大に取引し、本当のことを言い、たとえ自分が損をするとわかったときでも一度結んだ契約には黙って従う人間は、信頼に値するとみなされる。

正直な人間は何も怖がらなくていい。仕事仲間も得意先も、みなそういう人間を信頼しているから、いいときも悪いときも必ずついてくる。

また、その恐れるものがないということ自体が、人生における堅固なとりでなのである。どんな危機のときもあなたを護り、困難と勇敢に闘わせてくれるだろう。そして結局は、あなたの努力を支えて成功をもたらすだろう。

ゆるぎのなさは、道義心がつちかう強い人格がそのまま表われたところである。道義を重んじる人間は、まっすぐめざすものがあり、強く知的な決意がある。当てずっぽうや行きあたりばったりで行動しない。計画のすべてが、その人柄の土台である道徳性に裏打ちされている。

あらゆるものを道徳に照らし、つねに道徳にかなうことを第一とする人々は、目先の都合や利益という目でしかものごとを見ない人々より、より堅固で気高い基盤に立っている。道義はつねに功利に勝るのである。その意志はうわべの行動のはるか下まで行きわたり、したがってより確固としてゆるぎなく、より力強く、より持続する。道義心には素朴な一途さもあって、めざすところへ人をまっすぐ進ませて、まず挫折させない。

すなわち道義を重んじる人々は意志が固く、意志の固さが業績を確固たるものにする。道義を旨とする人々は力強く、その力強さが生き方のていねいさになる。その妥協のないていねいな生き方が、尊敬と、賞賛と、そして成功を呼ぶ。

そのよい例が、コカコーラのCEO（最高経営責任者）、ロベルト・ゴイズエタである。あるときコカコーラの調合を変更することが決まった。しかし「ニューコーク」として売り出された新製品の評判に、会社側はショックを受ける。事前に市場調査を行なったにもかかわらず、大衆は新しい味を好まず、もとの味に戻すことを求めていた。企業の社会的責任を重くみない人間ならば、自分が決定したことに固執して、広告費を投入しても自分のアイディアを救おうとしただろう。しかしゴイズエタは違った。プライドを腹へおさめ、長年の顧客のためにもとの製品を新しい名前のもとに復活させたのだ。それが「クラシックコーク」だった。彼の決断は正しかった。ニューコークはほどなく市場から消え、代わってクラシックコークが業界シェア第一位の座に返り咲いたのである。

> 人と世間との接触のしかたは四通りあり、その四通りしかない。それだけの接触で、人は評価され、分類される。それはその人間が何をするか、人からどう見えるか、何を言うか、それをどのように言うか、である。
>
> デール・カーネギー

道義心がビジネスを動かしていたもう一人の経営者がジョン・テンプルトンである。きわめて収益性の高いオープンエンド型投資信託、テンプルトン・ファンド（現フランクリン・テンプルトン・ファンド）の創始者だが、その経営哲学は、大きな成功をおさめる者の多くはすぐれて高潔な人物であるというものだ。

彼が言うには、成功する人間の多くは、倫理を重んじることがビジネスにおいて重要であることを深く理解し、つねに全力を尽くし顧客を裏切らないと信頼される人物である。

また最も倫理的な行動規範とは、頭ではなく心から生まれると主張した。「人に対するやさしさや役立ちたいという気持ちが心にあふれていたら、その判断と行動は倫理的である」

額に汗して働くことと正直と忍耐が、テンプルトン哲学の土台である。「仕事に身を捧げることを学んだ者は成功する。彼らはもてるものを自ら稼ぎ出したのだ。たんに金の値打ちを知っているだけでなく、自分自身の値打ちも知っている」

テンプルトンによれば、倫理的規範を重視せず、人的要素をないがしろにするような企業は必ず失敗する。「だいたいに取引で儲けようというような人間は、人からよく言われず、すぐに誰からも相手にされなくなる……私たちがすぐれた記録を打ち立てられたのは、投資家の方々に対して誠実で正直であろうとして、また責任を果たそうとして、身を粉にして働いたからである。お客様に儲けていただくことを他の何よりも優先させてきたからである。結局のところ、おさめるに値する成功とは、他の人々をも成功させる成功だけなのだ」

頼りになる上司になる

上司に何を求めるかについて世論調査を行なうと、必ずといっていいほど上位に入るのが、この答えである——頼りになる上司。頼りになる、とは実際にはどういうことなのだろう？　どうやったら部下から頼りにされる上司になれるのだろう？

◆◆◆コミュニケーションを十分にとる

デビィは上司のリンダを、これまで出会ったなかで最高の上司だと思っている。「リンダは職場でいま何がどうなっているのかを、つねに私たちに教えてくれます。残業が必要だと思うと、前もってそう伝えてくれるので、こっちもそのつもりで段取りできます。もちろんふいに急ぎの仕事が入ることもあります。それでもみんなが嫌な顔をしないで引き受けられるのは、そういうのが例外で、いつものことじゃないからです。このまえ、一部の社員がレイオフ（一時解雇）になるかもしれないといううわさが流れたときも、リンダがすぐに調べてくれて、うちの部は関係ないって、いち早く知らせてくれました」

スティーヴは上司に不満がある。「あの人はぼくのことをどう思っているのか何も言ってくれない。仕事を仕上げてもっていっても、それがたんにＯＫなのか、すごく出来がいいのかまったくわからない。出来が悪いときは、ただ突っ返されて、やり直せと言われるだけ。どこをどう直したらいいかも言ってくれないから、いつも同僚に助けてもらわなきゃならない」

よい上司は部下をどう思っているかを彼らに伝える。仕事がよくできれば、それを評価し、とびきりよければ言葉でそうほめる。基準を満たせないときは、部下が進歩できるように手助けしてやる。いい仕事をしたことを認めてほめることで仕事はさらに向上するし、批評するときも建設的な批評であれば、たいてい歓迎される。ほとんどの部下は真剣に進歩したがっていることをおぼえておこう。

◆◆◆話を聴く

「うちの上司のいちばんいいところは、話を真剣に聴いてくれること」とダイアンは言う。「このあいだ仕事がうまくいかなくて、彼に相談しました。話に最後までつき合ってくれただけでなく、私の抱えている問題を親身になって理解しようとしてくれたし、とてもいいアドバイスをもらいました」

話を聴くということはたやすくない。管理職はたいてい頭もいっぱい、スケジュールもいっぱいだ。部下のもちかける相談ごとは取るに足らないものに見えるかもしれない。しかし当人にとっては深刻な問題なのだ。

熱心な聴き手になろう。ただ耳の穴を開いて座っていればいいというものではない。すぐれた聴き手は、いま聴いた話について質問をする。相手の話を自分の言葉で言い直してみる。そして話をちゃんと聴いていることを無言の言葉で表わす。あなたが身を入れて聴いていてくれるとわかると、相手は自分のことに真剣に関心をもってもらったと感じるだろう。

相手の身になって話を聴こう。その人の立場に身を置いてみる。もしあなたが同じ状況にみまわれたら、どう感じるだろう？　親身になって話を聴くと、相手の抱える問題が理解できるだけでなく、理解したということが相手に伝わる。

◆教育する

「この仕事についてぼくが知っていることは、すべて上司から教わりました」とデーヴは自慢する。「彼はいつでもこの分野の最新のことを教えようとしてくれます。この新型コンピュータが入ったときも、ぼくらの仕事がらくになるようにって、自分の時間を使ってショートカットや便利なやり方を全部調べあげて全員に教えてくれたんです」

管理職の大事な仕事の一つは部下の教育である。しかし教えるのはほんの基礎にとどめて、あとはそれぞれが自分で勉強していくのを期待するという方針がとられることが多い。確かに自主的に学ぶことを奨励するのは大事だ。しかしそのとき最も励みになるのが上司の手本とサポートである。

教育は部下に仕事をより容易にこなす技術を身につけさせるだけではない。技術の獲得をとおして、自分は職場にとって重要な人間だという意識も与える。会社にとってより価値の高い人間を育成し、職場の安全性も向上させる。

◆部下の成長を手助けする

部下が仕事についてできるだけ学べるように、便宜をはかって応援しよう。役立ちそうな講座やセミナー、読むべき書物や記事などを推薦するといい。技術面を伸ばすことに限らず、可能性が真に開発されるように、自己啓発やコミュニケーションスキルや人間関係改善のプログラムに参加することを提案するのもいい。こうした無形のものが、往々にして月並みの業績か、とびきりの手柄かの違いをつくるのだ。

◆部下に心から関心をもつ

キャシーが母を亡くしたとき、上司のバーバラは葬儀に出席しただけでなく、喪中のキャシーを見舞い、彼女が職場にいないのはさみしいが仕事のことは心配しなくていいと言って安心させた。仕事に復帰したキャシーはバーバラに以前よりずっと親しみをおぼえ、彼女に喜んでもらえるような仕事をしたいと心から思った。バーバラが、個人としての自分を心から気遣ってくれたのがわかったからだ。

部下に関心をもとう。ただ注意しなければならないのは、プライバシーにかんすることにきわめて神経質な人もいることだ。それぞれがどういう人間かがわかってくれば、個人的なことをどこまで探っていいか判断できるだろう。部下の家族や関心事や趣味を知るのは大事なことである。しかし許可されないかぎり、私生活に立ち入ってはならない。またたとえ許可されても、傍観者であるべきだ。関心をしめすことは、他人の生活に口を出すことではない。

もちろん関心は心からの、本物の関心でなければならない。関心がある振りだけしても、必ず見抜かれ、そうなれば敬意も信頼関係も失われる。また関心をもてといっても、それは部下としょっちゅう個人的なおしゃべりをしていなさいという意味ではない。ときおりほんの数分でも、相手が本当に興味をもっている何かについて言葉を交わせば、その成果は彼らの忠誠心、やる気、そして業績の向上となって表われるだろう。

部下を信頼する

リーダーとして成功するには、部下から信頼されることが必要なだけでなく、部下を信頼することも必要だ。

ウォーリー・Lは、自分の職場のことはすべて自分の手の内になければならないと信じている上司の一人だった。部下は一二人の技術者で、全員がベテランだったにもかかわらず、仕事が一つ仕上がるたびに、いや、たいていいまだ仕上がらないうちから、彼が自ら乗り出してチェック、再チェックをくり返した。彼の職場の離職率が他よりだいぶ高いことに気づいた上司が、そのことを話し合うために彼を呼び出した。

「きみのところを辞めた人間が、退職者面談で同じことを言っているんだ。細かいことまでいちいち指示されるのが嫌だったとね。優秀な人間を雇っているんだから、もっと彼らに任せるべきじゃないのかな」

「しかし」とウォーリー。「私はうちの部の仕事に責任がありますから。私がすべてに目を光らせていなかったら、自分の役目を果たしていないことになります」

「ウォーリー、優秀な職員にはやりたいようにやらせていいんだ。四六時中監督している必要なんかないんだよ。私はきみの仕事に責任があるが、きみのやることにいちいち口を出したりしないだろう。きみを信頼しているからね。部下をもっと信頼してやりなさい」

「しかし放っておいたら、ミスを早い段階で発見できなくなります。手遅れになってしまいますよ」

「いちいち指示しなくても管理できる方法はあるよ。仕事をうまく任せられるような証明済みのテクニックがね。そういうものを調べて使ってごらん」

ウォーリーは考えに考えた。それまでのような厳しい管理を止めるのは心配だったが、思い切ってやってみようと決心する。案の定、部下の仕事に口を出さずにいるのは、とてもつらいことだった。彼らの肩越しに仕事ぶりをのぞきたい誘惑に何度もかられたが、そのたびに自分に言い聞かせた。「だめだめ、信頼しなくては――」

やがて部下のそれぞれに対する信頼感が育ったとき、彼が気づいたのは、ミスはときどき起きるけれどもチェックポイントで部下に容易に発見され訂正されて、自分が心配したようなことにはならないということだった。

ウォーリーは仕事がらくになった。職場の空気は以前よりずっと和やかになったし、離職もなくなった。もう一つよかったことは、ウォーリーが部下から信頼されるようになり、意見や提案に以前より賛成してもらえるようになったことだ。

自分がまちがっていたと臆することなく認められれば、そのまちがいであなたは得をする。まちがいを認めることで、あなたに対する尊敬の念が高まるだけでなく、あなたの自尊心も高まるのだから。

デール・カーネギー

尊敬される上司になる

上司はただ上司であるというだけでは、部下から尊敬も信頼もされない。尊敬は獲得するものである。その方法をいくつかあげよう。

◆仕事の腕をみがく

プロの仕事ができる人は尊敬される。といってもこれは、あなたが部下の仕事を部下よりじょうずにできなければならないという意味ではない。じっさい管理職として上へ行けば行くほど、部下のこなしている仕事は手に負えなくなるだろう。社長が会社で使っているいろいろな備品をすべて操作できるとは考えにくいし、コンピュータのプログラムをつくれるとも思えない。たとえ階級の低い管理職だとしても、あなたにはおそらく人を監督するという、部下のそれとはまったく異なる仕事が求められるだろう。しかしどんな仕事をするのであれ、それをプロの手並みでできれば、部下に尊敬される。

◆部下を公平にあつかう

部下を平等にあつかえないと、彼らの信頼を得られないだけでなく、あなたに対する怒りがつのるだろう。これは全員を同じように監督しなさいという意味ではない。部下は一人ひとり違う。すぐれた管理者は彼らの違いを理解し、それぞれの個性に合わせたあつかい方をする。

リチャードはつねに励ましてやることが必要なタイプの人間だし、マリアンは放っておいたほうが、いい仕事をする。彼らの上司はしょっちゅうリチャードのそばへ行き、ちょっとした進歩でもいちいちほめる。一方マリアンをほめるのは、とりわけいい仕事をしたときに限られる。しかしこの違いは彼らの場合、決して不公平ではない。

◆部下の味方になる

もしあなたの職場と他の職場のあいだでいさかいが起きたら、たとえ自分の立場が悪くなっても部下の味方になりなさい。

アイリーンのオフィスへ上司のマークがどなり込んできた。「きみのスタッフはいったい何をやってるんだ！　コーラはきみのところからデータをもらわないかぎり企画が立ち上がらないと言ってる。何度催促しても、コンピュータがダウンしてますの一点張りで、らちがあかないそうじゃないか。いったいどういうことなんだ！」

アイリーンは上司を怒らせたくなかった。けれども自分の部下たちがデータを出そうと必死になっていることも、新しいプログラムがどうしてもうまく作動しないのもわかっていた。「すみません、コーラにデータをわたしたいのはやまやまなんですが、コンピュータの故障は本当なんです。言い訳じゃありません。いまIBMの人を呼んでプログラムを直してもらっていますから、今日中には動くはずです」

◆部下の手柄をきちんと評価する

部下の手柄はほめなければならない。彼らを誇りに思い、彼らに感謝していると伝えよう。彼らが割り当て以上の何かをしたときも、必ず拍手をおくろう。

一方、管理者が絶対にしてはならないことは、部下の手柄を横取りして自分の手柄にすることだ。

スタンは課が取り組んでいた問題に新しい対策を見つけ出し、プレゼンテーションに向けて最終的な形にまとめるまえに、何か見落としがないか確かめようと、その案を上司に見せた。上司は、少し考えさせてほしいからプレゼンテーションは延期するようにと彼に告げる。

数日後、スタンは仰天した。なんと上司が彼のアイディアにほんの少し手をくわえて、重役のところへもち込み、あろうことか、思いついたのは自分だと主張していることがわかったのだ。スタンが詰め寄ると、彼は答えた。「あれは新しいアイディアじゃない。ぼくがだいぶまえから考えていたことと同じだよ。いずれにしろ、ちょうど発表しようと思っていたところだったんだ」

これはこの上司へのスタンの信頼をこなごなに打ち砕いただけではなかった。課のスタッフ全員が彼への尊敬をいっぺんに失った。

◆部下の技能を活かす

アイリーンは部下たち一人ひとりの得意なことや才能を、ふだんからつとめて知るようにしている。そして、そういう特技を活かせるような企画がもち上がると、チャンス到来とばかりに、その人に仕事を任せてしまうのだ。自分を活かせる仕事が楽しくない人はいない。アイリーンの部下は、自分たちを認めてくれて、もてる力を発揮させてくれる上司をとても尊敬している。

ゲーリーは上司のためならどんなことでもする気でいる。なぜそんなに忠誠心があるのかとたずねられ、こう答えた。「彼はぼくが困ったら全力で助けてくれる人です。家族に緊急事態が起きたときも、すぐに部のスケジュールを調整して、休みを取れるようにしてくれました。それに彼はスタッフが公平にあつかわれるように、とても努力してくれます。彼にとってぼくらはいちばん大事なものなんです」

新しいコンピュータをあつかいかねていたカーラが、なんとかハードルを乗り越えられたのは、上司のアンが辛抱強くつき合って、操作をおぼえる手伝いをしてくれたからだった。しかし他の大事な仕事を後回しにしたアンは、残業して間に合わせなければならなかった。その分、家族と過ごす時間が減ったわけだが、なぜそこまでして部下に尽くすのかとたずねられ、こう答えた。「部下も私の家族ですから。家族の一人が私を必要としていたら、放ってはおかないでしょう」。

彼らはまさしく「頼りになる」上司だ。部下たちの信頼と尊敬を集めていることは言うまでもない。

上司の信頼を得る

信頼は両側から獲得しなければならない。上司は、部下や同僚から信頼されなければならないだけでなく、自分の上司から信頼されることも必要だ。

どんな人にも上司はいる。ＣＥＯ（最高経営責任者）でさえ株主の部下だし、個人の経営者は顧客や依頼人のいうことをきかなければならない。どんなリーダーも初めは部下、そしてどこまで登り詰めても、やっぱり部下なのだ。

カーネギー・メロン大学のロバート・ケリー教授は「誰でも実際には両方の役割（リーダーと部下）を担っており、両方のスキルを必要としている。だからすぐれた部下でないと、すぐれたリーダーになれないことがある」と言う。

優秀な部下になる

上司の信頼を得るには、まず何といっても、いい仕事をすることだ。「プロの仕事」ができることは、リーダーとしても部下としても成功の第一条件である。言うまでもないが、あなたがいい仕事をすれば、上司はあなたに頼るようになり、その分自分の仕事がらくになって、あなたの存在がますます貴重になる。

マーケティングアシスタントとして初めて勤め人になったサンドラは、成功した経営者である父親に、優秀な従業員になるためのアドバイスを求めた。「優秀な従業員とは、上司がそのまた上司から信頼されるような仕事のできる従業員だね」

上司を上からの苦情で悩ませない部下は確かに優秀だ。しかし上司を悩ませないだけでは十分ではないというのが、このアドバイスの大事なところである。優秀な部下は、上司が面目をほどこすことのできる部下である。そういう部下になる第一歩は、つねにベストを尽くして仕事をすることだ。さらに、もし効率のよくない同僚を手助けして、より有能にすることができれば、職場全体が向上することになり、上司はおおいに面目をほどこすだろう。それに本人もリーダー的素質を発揮することになり、上司の信頼はより厚くなる。

上司の要求を先取りする

市民センターで開かれた事務機器展から戻ってきたグローリアは、何の気なしにアシスタントのスティーヴに、会場に気になる電子コレーター（丁合機《ちょうあいき》）があったともらした。スティーヴはこれを聞くと、すぐさま市民センターへ駆けつけ、そのコレーターの実物を目にし、資料をもらい、展示されている他のコレーターも見てまわった。オフィスに戻ると、他のメーカーにも手紙を書いて同じような製品のパンフレットを請求し、さらに、そのタイプのコレーターをすでに使っている会社に使い勝手を問い合わせた。そしてそういう調査の結果を一冊のファイルにまとめておいた。

二カ月ばかりあと、スティーヴのオフィスに入ってきたグローリアがこう言った。「ねえスティーヴ、このまえ事務機器展で、うちの会社によさそうなコレーターを見たの。ちょっと調べてもらえないかしら」。待ってましたとばかりに彼がデスクから取り出し、彼女に手渡したのは、かのファイルである。

もちろんせっかく調査しても、その結果が誰にも必要とされなければ、くたびれ儲けに終わるかもしれない。しかし誰かとある程度の期間いっしょに働けば、その人の興味を引きそうなものがわかってきて、予測が当たるようになる。上司の要求を先取りできれば、より役立つ部下になれるだけでなく、その仕事に自主性と才覚を発揮することで、自分のために昇進や出世の道を開くことにもなるだろう。

上司のやりたい仕事を知る

ケヴィン・マグラーディは長年、人事部長の職にあった。彼がその部門の大目標の一つにしていたのが個人記録のコンピュータ化。しかし上司がそれにあまり乗り気でなかったために、彼はその計画をずっと後回しにしておかなければならなかった。ケヴィンのアシスタントのベヴァリー・サンダースは、コンピュータになどまるで興味のない人間だったが、あるときケヴィンにとってその目標がどれだけ大事なものかを理解する。

ベヴァリーは地元の大学で開かれていたコンピュータ講座に申し込んだ。個人記録のデータ化について手当たりしだいに資料も読んだし、そのテーマのセミナーにも参加した。すでにコンピュータ化に着手している他社の人事担当者に話を聴いたりもした。そういういろいろな努力によって、彼女はケヴィンがその構想を上司に売り込む手伝いができたし、それだけでなく、豊富な知識をたくわえたことで、彼女自身が思いがけない目標をもつこともできたのだった。

話に耳を傾け、注意深く観察すれば、上司が本当は仕事に何を求めているかがわかるだろう。そしていくらかの努力と時間をその計画に注ぎ込めば、あなたは上司にとって途方もなくありがたい人になり、信頼され、そのゴールの達成に貢献できる。

◆◆◆上司の目からウロコを落とす

アイヴァンは反逆児だと言われた。会社の方針にはいちいち反抗するし、もち出してくるアイディアはどれもこれも常識はずれなものばかり。そんな態度のおかげで、それまでに二つの職場をクビになっていた。その会社にやってきたとき、彼はこんどこそあまり批判的になるまいと決心していた。しかしせっかくの決意も、生まれもった性格には勝てず、気づけばふたたび異論反論をまくしたてているしまつ。

上司から人気のない会議室へ呼ばれたとき、彼はまたしてもクビになることを覚悟していた。しかしこんどの上司は様子が違った。「アイヴァン、きみはどうもまわりと調子が合わないようだが、ぼくにとっては貴重な人間だ。ほかの誰にもできないことをやってくれるんだから。いままで当たり前だと思って何の疑問ももたなかったことを、きみは違う目で見せてくれて、考え直させてくれる。それはすごいことだよ。だから、もう少し周囲とうまくやることを考えてくれたら、素晴らしい社員になると思うんだ」

優秀な上司に必要なのは、何でもいうことをきくイエスマンの部下ではない。優秀な部下は、倫理的な問題や、企業イメージや社会の意識などに上司の注意を促すことも恐れない。そうすることで上司の管理をよりすぐれたものにするだけでなく、未来のリーダーの役割に向かって自分自身を訓練してもいるのである。

まとめ

人から信頼され、信頼を保つには——

◆耳と目と心で人の話を真剣に聴く。
◆聴いた話について質問をする。質問をして、相手とその意見に本当に関心があることを表わす。
◆聴くだけでなく、こちらからも考えや気持ちを述べる。
◆裏表のない、ありのままの人間でいる。言葉と行動が一致していることをしめす。
◆話を聴いたら、その話にもとづいて行動を起こす。
◆約束したら必ず実行する。
◆手柄はしかるべくたたえる。他人の業績を横取りしてはいけない。
◆仕事は最後までやり遂げ、その後も追跡する。

◆どんなときでも部下の味方になる。

◆部下に必要とされたら、その求めに必ず応じる。

◆道義を重んじ、誠実に、正直に、人として正しく行動する。

第5章

人を理解する

職場にいい人間関係をつくりたければ、とくに管理職にとっては部下の協力が決め手になる。どうすれば喜んで協力してもらえるのか？　それは彼らを知ることである。人は一人ひとり違う。彼ら一人ひとりの個性を理解しないかぎり、その心を動かすことはできない。

スタッフがほんの数人であれば、それぞれを理解することはそう難しくない。大所帯を率いている場合はいくらか難しくはなるが、それでもできないことではない。

経歴を調べる

新しい職場を引き受けたら、まず人事課へ行って、職員一人ひとりの記録を見よう。経歴や職歴を知るだけでも相当なことがわかる。

出荷と荷受の係のマネジャー、デーヴィッド・Bは、部下の人事ファイルをときどき見返すのを習慣にしている。あるとき荷積み作業員のアーチー・Tが、二年ごとに転職をくり返しており、いまの職場でも、もうじき二年になることに気がついた。アーチーに会い、じっくり話をすると、すでに腰が落ち着かなくなっていることがわかる。デーヴィッドはアーチーにそれまでとは違う仕事を割り当て、目を離さないようにした。するとＢを追うようにアーチーは落ち着きを取り戻し、生産性も向上したのだった。「過去は現在の序章」である。仕事仲間がこれまでどのように行動してきたかを知ることは、これからともに働いていくうえで大きな助けになるだろう。

話を聴き、観察する

どんな人にも職場以外の生活がある。人を雇うときは、働き手を雇うのではなく、その人そのものを雇うのだ。従業員の個人的な関心事をできるだけ知ることは、彼らを真に動かしているのが何かを理解する助けになる。といっても私生活をせんさくする必要はない。ただ**彼らの話に耳を傾け、観察する**だけでいい。それだけで相当なことがわかるだろう。

新しい職場に来たマーシャは、数日するとデスクに息子の写真を置いた。それに気づいた上司が「かわいい子ね」と声をかけた。上司はただそれだけのことで、その子供の名前と年齢、そしてどんなにいい息子かを、何一つたずねることなく知ったのだった。

あるときフィルのおしゃべりをかたわらで聞いていた上司は、彼女が無類のスポーツ好きなのを知る。それからは仕事の指示を出すのも、励ましたりほめたりするのも、すべてスポーツ用語。おかげで彼は、フィルの全面的協力を得るのに苦労したことがない。

行動パターンをみつける

刑事物のドラマでは、犯人はその手口、つまり犯罪のいつものやり方で目星がつく。この「手口」があるのは犯罪に限らない。どんな人にも仕事のしかたや暮らし方にその人なりのやり方があって、心理学ではそれを行動様式と呼んでいる。部下の行動パターンがわかると、その人を個人としてずっとよく理解できるようになる。彼らがふだん仕事にどう取り組んでいるかに注目しよう。性格の違いを観察する。とくにほかの職員と異なる仕事上の行動に注意を払う。

ディードレ・Cは、一五人の部下一人ひとりの行動の記録をつけている。最近その記録を見直して、スーザンがとても創造的な人間であることをあらためて知った。たびたび新しいアイディアを出している。大半はあまり実用的ではなかったが、それでも記録に残してあった。ディードレはその記録がスーザンを理解するのに役立ったし、彼女の創造性に訴えることで、どんな企画にも意欲的に取り組ませることができたと報告している。

もう一人の部下のダンは気分にむらがあり、調子のいいときと悪いときがあった。ディードレはどんなときに調子が上向きになったり下降ぎみになったりするかも記録しておいたので、そういう波を予測して、下り坂にさしかかったときにも先手を打つことができ、たとえその波を乗り切らせることができなくても、少なくともそれを考慮に入れた調整ができた。

ヨランダは、素直に「はい」と言ったことがなかった。どんな仕事に対しても、それが無意味だとか、自分の仕事ではないという理由をみつけだした。しかしそんな彼女も、いったん不平不満を洗いざらいぶちまけてしまえば、それ以上は抵抗せず、指示に従うことが記録からわかったので、ヨランダが長々と文句を言いはじめたときには、ディードレは辛抱強くその話を聴いてやり、気のすむまで、言いたいだけ言わせることにしている。

相手によってあつかいを変えるのは不公平か

管理者のなかには従業員の一人ひとりに「迎合」して、相手によってあつかいを変えることに懸念を抱く人もいる。混乱のもとになるだけでなく、不公平のそしりも招きかねないと。

人は一人ひとり違う。だからそれぞれに合わせてあつかい方を変えないと、全体的な目的を効率的に達成できない。すなわち仕事をとどこおりなくやり遂げることが難しい。この「合わせる」というのは、いく人かの従業員の仕事の水準の低さや、まずいふるまいを受け入れよ、我慢せよという意味ではない。それぞれが最高のものを出せるようにあつかい方を工夫しなさいということだ。そうすることで管理者も、その役目を最もよく果たすことになる。そうすれば職場はより楽しく、より生産的な環境になり、管理者も含めて誰もがそれぞれの目標を達成しやすくなるだろう。

〝インナービュー〟というテクニック

職場に新人を迎えるときには、その人についてできるかぎり情報を得ることが大事だ。管理者はふつうその新人と、多くは雇用前に、ときには勤務が始まってから、面接をする。

面接（インタビュー）は誰でもよく知っている。たいていの人が就職のさいに面接を受けただろうし、マスコミや市場調査の会社などからインタビューされた人もいるだろう。どんなインタビューも、その目的は相手について、あるいは相手から、情報を得ることだ。

インタビューをより有効にするには、用途に応じてやり方を工夫することだ。相手の人となりについて多くのことを知りたいなら、有意義な情報がもらえるような質問を選ばなければならない。デール・カーネギー・トレーニングでは、そういう手法を**インナービュー**と呼んでいる。相手の内面（インナー）を見ることが目的だからだ。

〝インナービュー〟は、相手をより深く理解する手段である。この手法は良好な人間関係を築くのに大きな効果を発揮する。インナービューを行なえば、相手を従業員というだけでなく、一人の人間と見て、その人に関心をしめすことになるからだ。いい人間関係が生まれれば、信頼関係が育ち、部下が管理を受け入れやすくなる。

インナービューは個人を深く理解できる手法として効果が証明されている。質問は三種類――事実と、動機と、価値観にかんするものに大別される。

事実にかんする質問は、その人の基本的事実をたずねるもので、ふだんでもよく話題にされるようなことがらである。たとえば――

◆どこで育ちましたか？
◆学校はどこですか？　専攻は何ですか？
◆休みのときは何をしていますか？　楽しみは何ですか？
◆現在の仕事は何ですか？

動機にかんする質問は、事実にかんする質問の答えの裏にあるような動機や理由をたずねるもので、多くが「なぜ……」「どうして……」という聞き方になる。たとえば――

◆なぜその学校を選んだのですか?
◆どうしてその学科を専攻することになったのですか?
◆なぜいまの仕事に就くことを選んだのですか?
◆どうしていま転職したいのですか?

価値観にかんする質問は、本人の価値観を問うもので、チームのメンバーが**何を大切にしているか**をリーダーが理解する助けになるよう工夫された質問である。ふだんはあまりたずねられることのないことがらだが、人の内面を知る大きな手がかりになる。たとえば――

◆あなたの人生に最も大きな影響を与えた人物について話してください。
◆もし人生をやりなおせるなら、異なる行動を取りたいところがありますか? あるなら、それはどんなところですか?
◆これまでの人生で転機になったことがあれば、それについて話してください。
◆これまでの話から、あなたが多くの業績を上げてきたことがわかります。そのなかでも最高だと思うもの、あるいは最も誇りに思うものについて話してください。
◆これまでにはおそらく苦労した時期もあったでしょう。あなたにとって精神的または物質的に最も苦しかったときのことを話してくれませんか。またそのどん底の時期をどうやって乗り越えましたか?
◆若者(あなたの娘や息子)から人生についてアドバイスを求められたら、どんな言葉を与えたいですか?
◆あなたの人生観を一言でまとめてください。

すぐれた聴き手になる

いい情報を引き出す質問をすることは、相手を理解する第一歩である。しかし質問をどんなにうまく選んでも、その答えを注意深く聴き取れなかったら、断片的な情報しか手に入らない。聴き取りのスキルをみがくことは、インナービューに限らず、どんな会話をするにも重要だ。

ジェフ・タッカーは自分をよき上司だと思い、部下には日ごろからどんな問題でも相談してほしいと言っている。ところがいざ話を聴いてみると、しっかり聴こうという気はあったのに、しばしば肝心なところを聴きもらしている。**聞いてはいるが聴いてはいないのだ。**

典型的な例がこれだ。マーク・Aはひっきりなしに不平を言う人間で、彼に問題をもち込まれると、ジェフは不毛な話し合いという深い泥沼に落ちたような気持ちになる。彼の前に座り、努めて話を聴こうとするが、たちまち気が散りはじめ、思考はいつのまにかマークの問題を離れて(たぶん解決が求められるのに)、マーケティング担当副社長とのいましがたの会議のことから、明日に予定されているゴルフトーナメントのことへ……。そんなふうに散らし放題に気を散らしているため、マークが何を言いたがっていたのかは、結局わからずじまいになる。

なぜ気が散るのだろう？　人の頭脳は、しゃべる速さより何倍も速く考えていることが心理学で証明されている。相手がしゃべっているあいだに聴き手の思考はさっさと先へ行き、話が終わるまえに、無意識のなかで勝手に完結させてしまう。そして相手はこういうことを言ったと決め込んでいる（その思い込みがしばしばまちがっているのだが）。そのあと実際に話が終わるまでに、聴き手の思考はさまよいだす。脳が当面の仕事をすませてしまい（正しくやったかどうかはべつにして）、ほかに手を出すゆとりがあるからだ。

聴き手の頭にべつの思考が流れだしても、話し手はまだ話している。聴き手が頭のなかで勝手に完了させたセンテンスが実際に完結したとき、それは予測されたとおりのことも、違うかたちのこともある。話し手はさらに話をつづけ、新しいセンテンスが登場し、新しい思考が現われる。さて聴き手はどうなっているだろう？　なんと、肝心のところはとっくに聴きもらしている。彼の頭はもはや話し手についていけない。話し手の口から言葉がいくら流れてきても、彼の耳には#$%&＊?○×÷♪……。

◆◆◆話を聴く訓練をする

人の話を実際には聴いていないというこの心の癖は、どうやったら克服できるのだろう？　まずは問題に気づくことだ。耳を訓練して、話を聴かなくなったことを直ちにとらえられるようにする。たとえば会議中、発言している人の声がだんだんものうげになってきたら、あなたの頭が話についていかなくなったしるし。これが赤信号だ。ほら、聴きなさい！　会話しているとき、言葉は聞こえているのに考えが頭に入ってこなくなったら、これも赤信号。ほら、聴きなさい！面接で、相手の質問が、あるいは答えがふとわからなくなったら、危ない危ない、さあ聴きなさい!!　うんざりするような相手や、マークのようにグチばかりという話し手のときは、私たちは無意識のうちにその人間を拒絶し、注意を向けないようにする。したがってそういう相手のときは、正気に返ってしっかり聴くということによほど努力しなければならない。気づくことさえできれば、問題は半分解決したようなものだが、それでも時すでに遅し、大事なところをすっかり聴き逃してしまったということもたびたびあるだろう。すぐれた聴き手になると、気が散りそうな瞬間が予測できる。言葉がはっきり聞こえなくなるのを油断なく警戒していれば、すばやく集中を取り戻し、聴き逃しを最小限におさえられる。またそのときうまく質問をはさむと、聴き逃しを取り戻すこともできる。

◆話に集中できる環境を選ぶ

話をしっかり聴けないもう一つの原因は、話し合いの環境だ。エイドリアーナはデニーズの話が聴きたかった。だが目は勝手にデスクの資料の上を走り回るし、書類の山のてっぺんのメモを読むのも止められない。当然ながらデニーズの話はうわの空。

重要な相談や面談は、できるだけデスクから離れた場所でやることだ。会議室が使えればいちばんいい。話し合いに必要な書類だけをもち込み、余分なものが目に入らないようにする。もしもデスク以外に場所がないなら、話を始めるまえにデスク上のあらゆる書類を片付けておこう。

電話は留守電にする。電話が鳴ることよりもっと集中を妨げるのは、電話に出たが最後、それまで話していた相手を待たせて長話をしなければならなくなることだ。話が宙ぶらりんになり、電話がすんでも、もとの流れに戻るのが難しい。

◈◆◈らくな姿勢をとらない

ダン・ソロモンが人の話を聴くときは、両手を頭のうしろで組んで重役イスの背にもたれ、イスをゆっくり揺らしながら聴くというのが、お決まりのスタイルだった。ある昼さがりの面接中のこと、トロトロと聞こえる言葉の流れを切り裂くように、ダンの耳にこんな声が飛び込んできた。「ソロモンさん、あなた私の話を聴いていませんね!」。ダンははっとわれに返ったが、このうえなくバツが悪かったし、そんな自分がうらめしかった。面接の相手が立ち去ったあと、ダンは二度とそんな醜態は演じるまいと決心する。

ダンはイスの背にもたれるのをやめ、前傾姿勢をとることにした。前のめりの姿勢は、少なくとも話を聴いているという印象を相手に与える。しかもその印象はただの見かけだけではない。

その姿勢には本物の効果があるのだ。相手のほうに身を乗り出すと、実際に相手の話に集中できる。目も合いやすく、身体も近く、声もよく聞こえる。興味を表わすボディランゲージが、逆に興味を誘発するのだ。もっと重要なのは、この姿勢はイスの背にもたれているときほど快適でないので、ぼんやりすることが少ない。というわけで、実際によい聴き手になれる。

◆適切な質問をする

話を聴きながら、ところどころで適切な質問をする。その話にあなたが真剣に興味をもっていることが相手に伝わるし、より重要なことは、相手の答えから、あなたが何か大事なことを聴きもらしていないかを判断できるということだ。このフィードバック情報によって、集中が途切れたあいだに聴き逃した何かを取り戻す機会が与えられ、ふたたび話についていけるようになる。

人間はそもそも、相手の話を一〇〇パーセント聴き取れるようにはできていない。けれども気を散らすものを身辺から取り除き、イスの背にもたれるかわりに相手のほうに身を乗り出し、そして集中が途切れたときの注意信号をすばやくみつけられるように頭を訓練していけば、ちゃんと話を聴いていられる時間を引き伸ばすことができる。そうすることで会議や会話や面接から、これまでよりずっと多くを得ることができる。

◆話を聴くときの八つの原則

話をより正確に聴くための八つの原則をあげておこう。


1◈相手の目を見ながら聴く。

2◈無言の情報に注意する。言葉と合わないボディランゲージがないか観察する。

3◈辛抱強くなる。相手の話をさえぎったり、頭のなかで勝手に終わらせたり、話題を変えたりしない。

4◈相手の身になって話を聴き、理解しながら聴く。最後にクイズがあるつもりで真剣に聴く。

5◈聴き終えてから、少しでも不明な点があれば明らかにする。聴いた内容をこちらから言い直し、正しく理解したことを確認する。

6◈早合点や勝手な思い込みを警戒する。客観的な受け入れの姿勢を保つ。

7◈集中して聴くために、気を散らすものをすべて取り除き、心の内外のじゃまものをできるだけ減らしておく。

8◈自分の心のスイッチをオフにして話し手の気持ちに同調する。相手の立場でものを見ることにつとめる。

一人ひとりの違いを知る

すぐれた管理者は、従業員のそれぞれを個人として理解することに力を尽くすものだ。仕事仲間はロボットではなく人間だ。それぞれに得意と不得意があり、その人なりの仕事の進め方や流儀がある。個性を知り、理解することは、士気の高いグループをつくる第一歩である。

人は十人十色

職場の仲間について知るべきことは仕事の質だけだろうか？　とんでもない！　ともに働く人間を理解するには、たんなる仕事のスキルよりはるかに多くのことを知らなければならない。もちろん仕事の腕も大事だ。しかしそれはその人全体から見れば、ほんの一部でしかない。その人にとって重要なことを知ろう。野心や大目標、家族、特別に関心のあることなど、一言で言えば、その人を動かしているものを知ろう。

男であれ女であれ、
人が生活のために働くのを気の毒だと思ったことは一度もない。
しかし自分のしている仕事にまったく情熱をもてない人は、

途方もなく哀れに思う。
若いときに、若者の情熱をありったけ注ぎ込めるような大好きな仕事をみつけられなかったら、それこそ私から見れば大きな悲劇である。

デール・カーネギー

相手を知るには話をするのがいちばんだ。質問し、いろいろなことについて意見を聞けばいい。それでは詮索がましいと思う人もいるかもしれない。もし〝インナービュー〟をすることに抵抗があるなら、直接その人に質問しなくても、情報はいくらでも手に入る。観察することと聴くこと――それだけで同僚については相当なことがわかるものだ。その人と話をするときに、その話をよく聴こう。言葉からも、言葉でないものからも聴き取る。その人が他の人と話しているのも聴く。立ち聞きは礼儀に反するかもしれないが、それでも多くのことがわかるだろう。あなたのチームのメンバーがどのように仕事をするか、どのように行動し反応するかを観察しよう。彼らの好き嫌いや、変わったところや、変わった癖を知るのに時間はかからない。そうやって耳を澄ませていれば、それぞれが大事にしているものがわかるだろう。彼らをオンにしたりオフにしたりする「スイッチ」がわかる。

観察することと聴くことで、たとえばクローディアが創造的な人間だとわかったとしよう。与えられた仕事に情熱をもって取り組んでほしかったら、彼女の創造性に訴えることだ。マイクは新しいことをおぼえるのは遅いが、いったんモノにすれば、手早く正確にやることがわかるかもしれない。マイクに実力を発揮させるには、そう、あなたが辛抱強くなればいい。

こういう一人ひとりの特徴をおぼえるのは、監督する人数が少ない場合は難しくない。しかし大所帯を取り仕切る場合や、入れかわりの激しい職場では、スタッフのそれぞれに一ページずつを割り当てたノートをつくるといい。そこに配偶者の名前、子供の名前と年齢、趣味、関心事、そして行動の傾向や性格の特徴も書き入れておく。そういうことが彼らの心に触れる手助けをする。

ゴールデンルールではなくプラチナルールを

「あなたが人からしてもらいたいように人にしなさい」という聖書以来のおきては、人を管理する者へのよき助言である――ある程度までは。というのも、部下のことがよくわかってくると、彼らがあなたとは違う人間だということがわかるだろう。彼らはあなたのほしいものや、隣人や同僚がほしがるものをほしがらないかもしれない。彼らを、**あなたが**あつかわれたいようにあつかうのと、**彼らが**あつかわれたいようにあつかうのとは同じではない。

たとえばルイーズは、大ざっぱな目標を与えられて、自分なりのやり方で仕事を進めていくのが性に合っているが、彼女のアシスタントのジェイソンは、細かい点まできちんと説明してもらわないと安心して仕事を引き受けられない。だからもしルイーズが、自分好みのやり方でアシスタントに仕事を任せてしまったら、いい結果は得られないだろう。

ソルはつねに誰かに力づけてもらわなければならない。上司が仕事ぶりを見守ってくれて、大丈夫だよとか、よく出来たねと言ってくれないと不安になる。一方のタンヤは、もし上司にしじゅう仕事をチェックされたら気を悪くして、私はそんなに信頼されていないのかと文句を言うだろう。タンヤとソルを同じようにあつかって、どちらにもいい仕事をしてもらうことはできない。

人はそれぞれ自分の流儀があり、自分なりのやり方や自分だけの癖がある。となれば、他人に対して自分がしてもらいたいようにするというのは、人とのつき合い方として最もまずいやり方かもしれないのだ。

有能な管理者になりたければ、グループのメンバーの一人ひとりを知って、それぞれの個性に合わせた管理のしかたをすることだ。ゴールデンルールではなくプラチナルールを採用しよう――

人には、その人があなたからしてもらいたいようにしてあげなさい。

あなたはこの世界にただ一人の人間だ。
地球が誕生して以来、これまでにあなたとまったく同じ人間がいたことは一度もないし、これからどれだけ時を経ても、あなたとまったく同じ人間が現われることは決してないのだから。

デール・カーネギー

イチゴで魚は釣れない

デール・カーネギーが人それぞれの違いを知ることの大切さをしめす、こんな話をしている。

「夏のあいだメイン州の田舎でよく釣りをした。私はイチゴのクリームがけが大好きだが、魚はなぜかミミズのほうが好きだと知っていたので、釣りに行ったときは自分の好みはおあずけにして、針にイチゴのクリームがけを付けたりはしなかった。ミミズを魚の前にぶら下げて、こう言った――ほうら、食べたいだろ？　人間を釣るときにも、この常識を役立てることだ」

人は十人十色。ある人を動かすものが他の人を動かすとはかぎらない。魚でさえイチゴでは釣れないだけでなく、すべての魚がミミズに食いつくわけではない。マス釣りには毛針がいる。ともに働く人のそれぞれが、何に動かされているのかを調べることに力を注ぐべきだ。彼らに話しかけ、返事に耳を澄まそう。何が好きで、何が嫌いかを探ろう。行動と反応のしかたを観察してほしい。

ロジャーとジルを観察すれば、ロジャーは細かいところまですべて説明を受けないと、割り当てられた仕事に取りかかろうとしないが、同僚のジルは、目的だけ聞いて、あとは自分で段取りするほうが好きだということがわかるだろう。リチャードはとても神経質な人間だけれど、その点に気をつけさえすれば、おおいに協力的だとわかるかもしれない。

人を動かす万能のルールはない。それぞれに合ったあつかいが必要だ。リーダーという仕事の難しさはそこにあるが、努力のしがいもそこにある。職場でも他の活動の場でも、ともに働く人たちの欲求を理解して、その充足を手助けすることに力を注ぐなら、彼らから最高のものを受け取ることができるだろう。

相手の立場でものを見るということを本気でやってみなさい。
デール・カーネギー

人に心から関心をもつ

他人にこちらから興味をもてば、向こうから興味をもってもらおうとしているときに二年かかってできる友人より、もっと多くの友人がほんの二カ月でできてしまう——デール・カーネギーはこう語り、自ら実践した。カーネギーに出会った誰もが、彼にはどんな相手にも心から関心をもてる能力があったと語っている。彼が首席の講演者をつとめたある催しに同行した友人は、こう報告する。彼が演壇へ歩いていく途中、数人が彼に話しかけた。彼はわざわざ立ち止まって話を聴き、その話を理解して、それぞれに何か言葉をかけた。彼にとってはそのとき話をしている相手が、会場じゅうで最も重要な人だったのだ。おかげで演壇に着くのに四五分もかかったが、彼と言葉を交わした誰もが、彼から深い関心をしめされたのを感じ、それを忘れなかった。

おぼえておこう。その人が新しい知り合いであれ、旧友であれ、上司や部下や同僚であれ、その人はあなたの問題などよりも、自分のことのほうにずっと関心がある。その人にとっては「一〇〇万人が犠牲になるアジアの飢饉より、自分の歯痛のほうが重大」だし「アフリカの四〇回の地震より、首のおできのほうが心配」なのである。

古い格言にはこう言われる。「うわさ好きは他人のことを話す。ぼんくらは自分のことを話す。そして話し上手は、あなたのことを話す」

人が仕事に本当に求めるものは何か

部下の信頼を得るには、彼らが仕事や職場に本当は何を求めているのかを知ることも大事だ。あなたが彼らの欲求を理解していること、その充足に助力を惜しまないことを彼らに請け合おう。

マイクロソフト社でマーケティング担当重役だったロバート・レボーは、人が職場に何を求めているかという問いに答えを出すために、シカゴの国際調査研究所に調査を依頼した。アメリカ合衆国の三二の産業部門の二四〇万人の労働者から一七年以上をかけて集めた回答を分析し、レボーはつぎの八つのことがらが目を引いたことを報告している。

◆絶対的な誠意をもってあつかわれること。
◆仲間から信頼されること。
◆私心なく指導すること、指導されること。
◆新しい考えを、その発信元にかかわりなく、受け入れられること。
◆組織のためにリスクを負えること。
◆正当に評価されること。
◆人の道にかなうふるまいをすること。
◆自分の利益より他人の利益を先に考えること。

まとめ

ともに働く人々を深く知る努力をしよう。それには——

◆**彼らに深い関心をもつ。**

◆彼らに自分の話をさせる。あるいは〝インナービュー〟を使って情報を得る。
◆相手が関心をもっていることを話題にする。
◆質問して情報を得る。また質問をすることで、相手と相手の考えに真剣に興味があることをしめす。
◆話に耳を傾ける。耳と目と心で聴く。
◆それぞれの行動と反応を観察し、おぼえる。
◆それぞれの行動パターンを知り、理解する。
◆それぞれが仕事に何を求めているかを知り、その欲求を充足する支援をする。

第6章
人を説得する

その人はなぜ私たちの気持ちをやすやすと変えてしまえるのだろう？　ほんの一時間まえにはまったくするつもりがなかったことや、絶対にするまいと思っていたことを、ふと気づけば進んでやっているのはなぜなのだろう？　同じことを他の人からすすめられても、気持ちはこれっぽっちも変わらなかっただろうに。ほんの数分まえには必要だとも、ほしいとも思わなかったものや、何があっても買うまいと思っていたものを、その人はなぜ、絶対に買わなければならないものにしてしまえるのだろう？　それは、その人が説得という力わざの、いや、やんわりとした穏やかな仕事の達人だからだ。

あなたも説得上手になれる

絵や音楽の才能をもって生まれる人がいるように、他人を説得して自分の思いどおりに動かす才能をもともともっている人も大勢いる。しかし、そういう才能を生まれつきもっている人たちがいるのも真実だが、成功に必要なそのスキルを、ほとんどの人が訓練によって獲得できるというのもまた真実だ。

説得力がいちばんものを言う仕事が販売だろう。たとえあなたの仕事が品物やサービスを売るのではなく、他人にアイディアを売り込むことでも、自分は販売員だと考えるといい。

化粧品会社の人事部長のダーリーン・Dは、タイムカードを調べて、遅刻の増加という問題をいよいよどうにかしなければならないと思った。罰則は効果がなく、無遅刻者を表彰するという試みもたいした改善はもたらしていない。彼女は前年、フレックスタイム制の導入を提案したが、上司ににべもなく却下された。しかし、いまこそこのアイディアを再提案し、上司の考えを変えるべきだ――。

アイディアを売り込むのは、品物やサービスを売るのとたいして違わない。腕利きの販売員のやり方を見習えば、相手をじょうずに説得して、こちらの考えを受け入れさせることができる。どんなセールス活動も、最初のステップは十分な準備である。どんなに腕のいいセールスパーソンでも、念入りな準備もなしに、いきなり売りにいったりはしない。

「商品知識」を完璧にする

ものを売りたければ、販売員の商品知識が完璧でなければならないように、売り込みたいアイディアについても、できるだけ知識をもつ必要がある。ダーリーンはフレックスタイムの話を上司に切り出すまえに、それについての情報をできるだけ集めておかなければならない。手に入るかぎりの参考資料を読み、同様の制度を導入している他社の管理職の話を聞き、その制度を適用されることになる従業員の考えも、ある程度つかんでおく必要がある。

もし提案に何通りかの代案をそえるつもりなら、それらについても調査し、分析しておく。どんなプランにも欠点や限界がある。それらを見過ごさず、十分に分析して、具体的な解決策を探しておこう。

セールスポイントは何か

売り込みたいプランを分析して、他のプランにはない長所を明確にしておこう。ダーリーンがすでにフレックスタイム制を導入している数社から話を聞くと、そのすべての会社で遅刻が明らかに減っていた。また同じ時間にスタッフ全員の顔が揃わなくても、生産性は落ちなかった。そのうえその制度は新しい雇用の機会を生んでおり、とくに働く母親が雇いやすくなっていた。したがってフレックスタイム制のセールスポイントは、それらの恩恵を同時に手に入れられること、となる。生産性を落とさずに遅刻を減らし、おまけにすぐれた人材を会社に呼び寄せる制度というわけだ。

買い手は何がほしいのか

セールスパーソンは買い手の最大の関心事を心得ている。「それを買うと、私がどう得をするのか」という点だ。あなたのアイディアを受け入れると、会社はどんな得をするのか？　ほとんどの会社はコスト削減をめざしているので、あなたのアイディアのコスト効果を売り物にするのは一つの方法だ。

アイディアを売り込む相手が直属の上司など、ふだんいっしょに働いているような人なら、日ごろからその人を注意深く観察し、話を聴いたり〝インナービュー〟をしたりして、何に関心をもっているのかを知っておくことだ。その関心事に焦点を合わせてプレゼンテーションを準備する。あなたが提供するものと相手の最もほしいものが一致すれば、売り込みに成功する可能性は高くなる。それが買い手の優勢購買動機（ＤＢＭ）を知るということだ。

しかしプレゼンテーションの相手がほとんど初対面の人のときは、その人の関心のありかをどうやって探すのか？　その人のＤＢＭを知るには、本当の関心事がわかるような質問を用意しなければならない。その人とつき合いのある人から、前もってできるだけ情報をもらおう。そしてプレゼンテーションのまえに何とかしてその人に会い、有益な情報が受け取れるような質問をする。「こうした仕事で達成したいと思っていることは何ですか？」「あなたの今年の目標は何ですか？」といった直接的な質問でもいいし、「いままでにいちばん満足した仕事は何ですか。なぜ満足できたのですか？」といった間接的な質問でもいい。その答えを注意深く聴き取れば、その買い手を本当に喜ばせるのが何なのかがつかめるだろう。それが相手の「優勢購買動機」だ。

証拠を集める

すぐれたセールスパーソンは、つねに自分の主張の正しいことを裏づける証拠をもっている。アイディアを売るなら、すでに同様のプランを採用してうまくいっている他社の経験が最良の証拠になるだろう。ダーリーンは同じ地域で数年前からフレックスタイムを取り入れている数社に連絡をとり、導入後の利益についてかなりのデータを入手した。また導入にともなう問題点と、それをどのようにして解決したかも調べた。長所にくわえて短所も知っておくことで、上司から出るかもしれない反論に備えることができ、説得する作戦を練っておける。

セールスポイントをニーズに合わせる

商品にかんする「事実」を並べただけで売り込みに成功することはめったにない。セールスパーソンはそれらの「事実」を翻訳して、いかに買い手の利益になるかをしめさなければならない。売り込みの準備をするときに、一ページを左右に区切り、片方の欄にはそのアイディアを価値あるものにしている事実を書き込み、それと並べて、もう片方の欄に、それらの事実から買い手が受け取る利益を書き込んでいくといい。

ダーリーンのフレックスタイムでは、会社側にとって最大の利益は遅刻を八〇パーセントも減らせるということで、それによって月に二三〇〇ドルの節約になる。従業員にやる気が出て、離職が減るというメリットもあるし、さらに優良な働き手の確保と、それによる生産性の向上も見込める。

売り込みたいアイディアが買い手の要求に合うことを証明できれば、そのプレゼンテーションは買い手に好感を与え、説得力をもつ。「売りつけられ」たい人はどこにもいない。誰でも、ほしいものが買えたと思いたいのだ。提示したアイディアを、これはまさしく自分のほしかったものだと受け取ってもらえれば、そのセールスはたぶん成功する。

さて、これでプレゼンテーションを行なって、あなたのアイディアを上司に売り込む準備はととのった。

まずは相手の気を引く

売り込みの第一歩は、これから商品の説明をする相手にこちらを向いてもらい、十分注目してもらうことだ。販売員は、よくオフィスのインテリアとか壁の絵とか、何か本題とは直接関係のない話をして、顧客にしたい人の気を引く。相手が同僚や上司なら、その人の興味を引く何かを話の糸口にするのが最もいい。もし仕事にしか興味がないという人なら、単刀直入に本題に入る。

「ダグ、あなたがとても頭を悩ませているのが生産性の向上ですよね。問題の一つは、優秀な事務職員を雇うのが難しいことだと思います。もっとスキルの高い人を連れてくる方法があったらいいと思いませんか?」

そうこられては、ダグはイエスとしか言えない。ダーリーンは彼女のプランの大きな利点をちらつかせて、たちまち彼の気を引いた。つぎはこの路線をさらに進めて、ダグが特別に興味をもっているのが何なのかをつきとめることだ。

質問して答えに耳を澄ます

ダーリーンはふだんダグといっしょに働いているので、彼の関心事はだいたい知っているが、具体的に何を求めているかについては、それが特定できるような質問を用意しておかなければならない。よく知らない人が相手のときは、プレゼンテーションのこの部分が最も重要になるだろう。その人にとっていちばん重要なこと、すなわちその人のＤＢＭ（優勢購買動機）をみつけることが肝心かなめである。ある人はコスト効果に最も心引かれるかもしれない。コスト効果自体より、それが自分の評判にどう影響するかがもっと気になる人もいる。

自分のアイディアを売ることにやっきになるあまり、買い手が本当は何をほしがっているかを正しく聴き取っていない人が大勢いる。販売員でもときとして、自分のところの製品が競争相手のそれより安いことから、経費節減こそ最大のセールスポイントと決め込んで、相手が品質を気にしていることを聴き逃してしまうようなことがある。相手の関心事が自分のそれと同じだという思い込みはいけない。あなたの質問に対する相手の答えに注意深く耳を傾け、その人の本当の関心をほのめかす微妙な何かをつかまえられるよう身構えていよう。

その気にさせる

つぎのステップは、相手を完全にその気にさせることである。その商品がどうしてもほしいとか、その提案にぜひとも応じたいという気持ちになってもらわなければならない。相手の心に強い欲求を起こすというこの山を越えられれば、受け入れはほぼ確実となる。それには相手の感情に——頭にではなく心に——訴えることだ。

自分のほしいものについてしゃべっていても、相手の欲求を喚起することはできない。相手が本当にほしいものをまず探り出すことである。この人にとっていちばん重要なのは何だろう？この人のスイッチをオンにするのは何だろう？　あなたの質問に対する答えに真剣に耳を澄まして、それをつかもう。その人の本当の関心をちらつかせる言葉を待ち構えていて、拾い上げよう。そしてその欲求にぴったりそうようにあなたの言葉を加減すれば、あとはもうこっちのものだ。

ビル・Dは大成功したセールスマンだ。成功の秘訣をたずねられたとき、それは人を説得できる不思議な力のおかげということにつきると答えている。相手を心変わりさせて、自分と同じものの見方をさせる——これこそが販売という仕事の、いうなれば極意だ、と彼は言った。

ビルはどんなやり方をしたのか？　客になりそうな人だとみると、その人の心に何があるのかを探り、何がその人の考えを実際に左右しているのかをみつけだした。話は一言も聴きもらすまいとし、表情もしぐさも観察して、これだという要因を見定めた。「たいていは実際的なものではなくて、感情的なものだった」と彼は言った。

人の心にふれるいちばんの近道は、その人が最も大切にしている何かについて話すことだ。
デール・カーネギー

誠実であれ

人を自分と同じ考え方にしてしまう能力は、途方もない威力をもち、大きな責任をともなう。この力が誠意と真心をもって使われなかったら、やがて使った者が手痛いしっぺ返しを食らうだろう。

販売という仕事に、かつてのような手練手管や強引な売り込みは、もはや見られない。セールスマンの力量が言葉巧みなつくり話や、気の利いた冗談で測られるような時代は完全に過去のものとなり、今日では正直第一が業界のスローガンだ。相手をケムに巻くようなやり方は必要とされない。今日のセールスパーソンはとても人好きがするかもしれないし、またそうでなければならないが、同時にあくまでも誠実でなければならない。

今日、販売の力となるのは正直で単刀直入な話し方と、ありのままの事実である。真にすぐれたセールスパーソンは、こうした事実の提示のしかたに説得力を発揮する。顧客となるべき人は、この人は完全に私の利益のために誠心誠意働きかけてくれていると感じる。「売りつけられて」いるなどとは誰も思わない。たとえ売り手がそうもくろんでいても。

真心から出た正直なほめ言葉なら、相手がふつうの人であれば、少なからず販売に貢献するだろう。だがおぼえておこう。あなたがいま相手にしている人は、少しでもごまかしがないかつねに用心し、不誠実のあかしがないか油断なく目を凝らしていると。

人を見る目を養う

この世に正直や、真心や、誠意や思いやりにまさるものはない。だからあなたは自分のすることが相手に喜ばれるかどうか心配なときは、自分にこうたずねるだろう——私は人からこうしてもらいたいか?

マーシャル・フィールドはその名前のついた百貨店の創業者で、人を見る達人だった。従業員をつねに観察し、可能性を測っていた。彼の鋭い目を逃れるものは一つもなかった。従業員のことを考えているなどとは周囲の誰も思わないようなときでも、あらゆる機会をとらえて彼らの力量を探っていた。人を見る目や、長所短所をほんの一目で見抜く力はまさに天才的だった。

説得力を身につける重要なステップは、こういう人を見抜く眼力を養うことだ。人間と、人間を動かすものを研究することをあなたの大事な仕事にしよう。

前章でも述べたが、まったく同じ人間はこの世に二人といないのだから、他人と交渉するときは、そのそれぞれに最も気に入られやすい道を選ばなければならない。プラチナルールを思い出そう——**人には、その人があなたからしてもらいたいようにしてあげなさい。**相手がどんな人か判断するのを急いだり、簡単に決めつけてはいけない。その人についてできるだけ多くの情報を得るまで結論は保留しよう。第一印象で行動せず、証拠をできるだけ探す。あなたの判断が正しいかどうかに、ひじょうに多くのことがかかっているのだから。

人にどんなことでもさせられる方法が一つだけある。それは自分からそれをやりたいと思わせることだ。

デール・カーネギー

証拠をしめす

アイディアを売り込むときには、その値打ちを裏づけられるような証拠をそうとう準備しておく必要がある。相手が本当にほしがっているものがわかったときに、それに合わせて調整する必要があるからだ。

ダーリーンは上司のダグが実際家なのを知っている。あいまいな憶測に聞く耳はもたないが、事実と数字にはめっぽう弱い。彼がコスト効果についての企画はすべて検討していることも知っていた。そういう人にフレックスタイムを売り込むには、その制度が他社でどのような効果をあげたか、どれだけ費用がかかり、どれだけ利益が出たかを数字でしめす用意がなければならない。

「ダグ、この件についてはフィトライト・シューズの人事課長ヒラリー・ヘンドリックスに話を聞きました。フレックスタイムを三年前に採用し、遅刻は八〇パーセントの減少、月に二三〇〇ドルの節約になっています。それにくわえてフレックスタイムを好む従業員を集められるので、優秀な事務職員を雇えるうえに離職率が大幅に下がっています」

証拠はどういうかたちで提示するのが適切だろう？　売り込みの相手が上司や自社の重役なら、彼らが情報をどんなかたちで受け取るのを好むかを調べればいいことだ。図表やグラフがわかりやすくていいと言う人もいるし、きちんとした論証や事例のほうが納得しやすい人もいる。聴き手に好まれそうな形式を用いれば、売り込みはそれだけ容易になる。

反論に備える

セールスパーソンは反論を歓迎する。顧客になりそうな相手から反論されれば、その人が本当にほしがっているものを探るのに役立つし、ほしいものがはっきりすれば、売り込みに成功する可能性が高くなる。すぐれたセールスパーソンはどんな反論がありそうか予測して、対策を立てているものだ。

指摘される可能性のある問題点をすべて拾い出し、異議をしりぞける準備をしておこう。もっともな指摘のときは、利益が不利益を上回ることをしめせばいい。

あなたの立場を強くする事実と数字を用意する。それと同時に無形の側面についても考え、相手の感情に訴えよう。

ダグはフレックスタイム制の提案を一年前には却下した。生産性が落ちると思っていたからだ。そのときの言い分はこうだった。「みんながばらばらの時間に来たら、作業の連携がはかれないじゃないか。管理職が現場から緊急に情報をもらわなければならないときに、担当者が帰宅していたり、まだ出勤していなかったりしたら、どうなるんだ?」

もしもこのときダーリーンが事前のリサーチをしていたら、この問題に他社がどう対処しているかをしめせただろう。短所より長所のほうが大きいことも証明できたにちがいない。

決着をつける

売り込みに決着をつける方法はいくつかあるが、会社の上司にアイディアを売り込むときなら、おそらく最も適切なのは、あなたのアイディアを彼らにいっしょに評価してもらうことだ。一枚の紙を左右に区切り、片方には「マイナス面」、もう片方には「プラス面」と見出しをつける。その会議で出た主な反対意見をマイナス欄に、それを論破する主張をプラス欄に書き込んでいく。プラス欄には、そのとき話にのぼった他の利点もすべて書きくわえる。もしあなたが「宿題」を十分にしていたら、マイナス面よりずっと多くのプラス面を書き入れることができるだろう。そしてこう告げる。「それではこれから、みなさんがこの案の採用に二の足を踏んでおられる理由を見ていきましょう。そして、採用した場合の利点と比べてください。さて、どちらが大きいと思われますか？」。軍配はプラス側にあがるはずだ。

採用に賛成が得られたら、こう要求するといい。「これがすぐれたプランだということに賛成していただけましたので、つぎはどのようにして実行に移すかを議論したいと思います」。もし正式に採用するまえに、上司が他の重役の同意を取り付けることが必要なら、そのプレゼンテーションの準備にあなたが喜んで協力することを申し出ておこう。

入念な準備と、優秀なセールスパーソンのやり方を見習うことで、あなたも自分のアイディアを上司に提示し、売り込むことができる。自分の考えが採用され、目の前で実行される満足感を心ゆくまで味わってほしい。

むりやり説き伏せられても、その人の本当の考えは変わらない。
デール・カーネギー

自分は重要な人間だと感じさせる

誰でも自分は重要な人間だと感じていたい。ほとんどの人が、実際にはどんな身分の人であれ、ＶＩＰのようにあつかわれたいと心のどこかで思っている。しかし職場には、まるで専制君主のようにふるまう管理職がとても多い。カールもそんな上司の一人だった。何でも一人で決めて、部下にはただああしろこうしろと命令するだけ。部下が苦情を言ったり、ときには辞めたりすると、それは能力がないからだとか、忠誠心がないといって非難した。しかしそんな彼も、優秀な従業員のサラが他の部署への異動を人事課へ願い出たのを知ったときにはショックを受けた。彼女が不満を抱いていたとは思ってもみなかったのだ。彼は人事課長にこう訴えた。「もう、びっくりするやら、がっかりするやらだ。だって彼女を不当にあつかったことなど断じてないし、叱りつけたなんてこともない。頼むから彼女の願いはしりぞけて、うちの部にとどまるように説得してくれないか」

人事課長はこう答えた。「私には彼女の気持ちを変えることはできません。あなたが自分でそうしなくては。部にとって彼女がどんなに大事な人か、本人にはっきり言ったらどうですか。いつも部のために力を尽くしてくれてありがとうと。それをあなたの部下全員のまえで彼女に言ってみてください」

カールはサラを呼び、部にとどまってほしいと心から思っていることを告げた。「きみはわかっていると思ってたんだ、ぼくがきみを高く買っているって。だってきみの仕事に文句をつけたことなんか一度もないだろう？　きみはこの部にとって、ぼくと同じくらい重要な人だ。ここに残ってくれたら、どんなにありがたいか……」。そのあとカールはスタッフ全員のまえで、これと同じ言葉をくり返した。サラは異動願いを取り下げた。その後カールは、彼女への評価をきちんと言葉にするようになり、彼女が部にとってどんなに大事な人間かを、彼女と、スタッフ全員にしめすことを心がけた。

うまくできたところを、まずほめなさい。
それから徐々に、足りないところを手助けすればよい。
このやり方は事務所や工場だけでなく、

家で配偶者や、子供や、親を相手にするときにも、
いや世界中の誰を相手にするときにも役立つだろう。

デール・カーネギー

チャレンジ精神に訴える

成功する人は挑戦するのが好きだ。自らを人に知らしめることに挑戦し、自らの値打ちを証明することに挑戦し、勝利することに挑戦する。こういう人たちを、こちらの思いどおりに動かしたければ、彼らをたきつけて、そのチャレンジ精神に訴えることだ。

ニューヨーク州ユーティカの小売店の店長マイク・Fが、部下にこのやり方を使った。マイクは系列の他店へ栄転することが内定しており、店長補佐のブルースを自分の後任として訓練中だった。

ブルースが店長へ昇進するのに克服しなければならない大きな欠点の一つは、手を付けた仕事を最後まできちんとやり遂げられないこと。そのせいでいくつもの独創的ですぐれたアイディアがむだになっていた。口で諭しただけでは、何の効果もない。マイクは考えたすえブルースに、きみは一人で店を仕切れるかいとたずねた。彼をたきつけてチャレンジ精神をかき立てようとの

腹づもりだ。ブルースができないと言えば、その理由を聞いて、不安をいっしょに解決してやるし、もしできると答えたら、ではそれを証明してごらんと言う。

マイクはこう報告している。「彼ができると答えたので、つぎの週は店を任せることにしました。一週間、あらゆる決定を彼が一人でやるわけです。私もいちおう店にいて、もし求められたらアドバイスしてやるつもりでした。だが初日が終わってみると、できて当然の事務処理ができていない。デスクの上はごったがえしているし、書類もファイルされていない。商品の発注もすんでいない。仕事のスケジュールをきちんと把握している者もいない。彼と問題を洗い出し、対策を立てました。

それから何週間かのあいだに、ブルースは自分が責任をもつ仕事をどんどん増やしていきました。いまはもう日常の業務は一人でこなしていて、私は特別の企画だけ面倒を見ればいい。店のためを思うことで、おたがい相手のことがよくわかるようになりました。これなら私が新しい職場に移っても、彼はきっと店長としてりっぱにやっていけると思っています」

高いこころざしに訴える

広告代理店に勤める頑固者のアートディレクター、ウォーレンは、職場に研修生を受け入れるのを拒んでいた。重役のジム・Wが彼を説得できたのは、彼の高いこころざしに訴えたからだ。

「研修生をむりやり押し付けるのはいやだった。そんなことをして、彼らの人間関係が悪くなっても困るから。だからこんなふうにもちかけた。彼のオフィスへ行って、ぼくが昔から彼の仕事をどんなに高く買っているかを話した。作品も素晴らしいし、その献身的な仕事ぶりもりっぱだと。そしてこう言った。こんなにたくさん仕事を抱えていたんじゃ、アシスタントが必要だろう？　勉強したがっている若い人をアシスタントにすれば、何でも喜んでやってくれるよ。何事も勉強なんだから。

それから、この代理店ではぼくらが最も古参の社員だということを彼に思い出させ、彼の高いこころざしに訴えた。若い人の面倒をみて、彼らの才能を育てるのはぼくらの責任だってね。そしたら彼は、いきなり思慮深い指導者のような気持ちになったらしい。数日後、その研修生が私の部屋へやってきて、ウォーレンがどんなに面倒見がいいか、彼からどんなに多くのことを学んでいるかを得々と話していったよ」

相手にイエスと言わせつづける

史上最も偉大な哲学者の一人であるソクラテスは、史上まれにみる説得上手でもあった。ある簡単な方法を使って自分の考えを売り込んだ。

どんな方法か？　彼は決して「あなたはまちがっている」と言わなかった。基本的な方針は、相手にただ「イエス」と答えさせること。論争の相手が必ず同意する質問をした。相手はいくつもの質問にイエスと答えつづけているうちに、数分まえだったらにべもなく否定したであろう結論をも喜んで受け入れてしまうのだ。

ソクラテスの時代と同様、このやり方は今日でも効果がある。だから、誰かに向かって「あなたはまちがっている」と言いたい誘惑にかられたら、このソクラテスの手法を思い出そう。相手が必ずイエスと答える質問をすることだ。

「どちらも勝ち」にする

みんなが勝ちでなければ、誰も本当に勝ちではない。「敗者」をつくれば、結局は離婚や、顧客を失うことや、従業員の離職や、職場に敵をつくることや、業績悪化や、はては倒産にもつながる。共存共栄への道に長けるには根気がいる。理性や分別ある行動は、どうやら私たちの本能と真っ向からぶつかるらしい。

新しいスポーツを習うときは、初めは動作がぎこちなく感じられる。いちいち考えながら動かなければならない。しかし練習を積むにしたがい、筋肉が動きをおぼえ、頭にももっと全体的なことを考えるゆとりができる。そのスポーツを熱心にやるたびに、筋肉はさらに伸ばされ鍛えられていく。それと同様に、望ましい結果に向かって協力的に取り組むたびに、あなたの感情の筋肉が鍛えられていく。共存はたんに可能というだけでなく、有望という信念が強まっていく。合意による解決を、自分を脅かすものではなく大きくするものと見られるようになる。そしてその協同作業がたんなる妥協をこえて、よりよい解決を生み出すのをあなたは目の当たりにするだろう。

まとめ

人を説得して、あなたの考えを受け入れてもらうには——

- ◆人の意見に敬意をしめす。「あなたはまちがっている」と決して言わない。
- ◆愛想よく話を始める。
- ◆相手が即座にイエスと答える質問をする。
- ◆相手に心ゆくまで話をさせる。
- ◆これは人に押し付けられたのではなく、自分の考えだと相手に思わせる。
- ◆相手の立場でものごとを見ることに真剣につとめる。

◆相手の考えや欲求を思いやる。
◆相手の高いこころざしに訴える。
◆相手のチャレンジ精神に訴える。
◆消極的なメンバーは、チームのリーダーか副リーダーにして積極的に参加させる。
◆こちらの考えを説明し、相手が受け取る利益をしめす。
◆「あなたはどう思いますか」とたずねる。
◆相手を動かしているものを探り当て、その人の身になって話をする。
◆妥協と交渉に快く応じ、双方がうまく収まる解決策を探す。

第7章 つき合いにくい人とつき合う

職場でもほかのグループでも、私たちはいろいろな人とつき合う。それぞれに人柄も違えば、頭の中身も態度も違う。そのうえ変わった癖があったり、かんしゃくもちだったり、問題を抱えていたりする。リーダーにとって大きな課題の一つは、その種の問題を見て取って、うまくあつかうことである。あなたがグループのリーダーで、目的達成に責任があるなら、これはとりわけ重要なことだ。この章では、あなたがつき合うのはどんな人たちかを見ていくことから始めよう。

どんなグループのなかにも、こういう人たちが必ずいる。チームのリーダーや監督者は、まちがいなく遭遇している。彼らはあなたの人生を惨めにするかもしれないし、難題山積にするかもしれない。しかし、こういう人たちを無視することはできない。いっしょにやっていかなければならないのだから。いくつか助言をしておこう。

神経過敏な人

批判されるのが好きな人はいないが、建設的な批判なら、たいていの人が受け入れられる。しかしどんな批判にも憤慨する人がいる。ほんのちょっと仕事に口を出しただけでも、ふくれっ面になったり防衛的になったり、いじめられたと言って逆にからんできたりする。

そういう人には懐柔策だ。如才なく接することだ。仕事のうまくできているところを、まずほめよう。そのあと不十分なところについて、どうしたらもっとよくなるか助言するといい。

キャシーは批判を恐れるあまり、仕事のあらゆる面に異常なほど用心深かった。どんなミスも決しておかすまいという気持ちから、仕上げた仕事は見直しに見直しを重ね、それでも足りずにまた見直すというありさま。それだけ手をかければ確かに文句をつけられることは少なかったが、いちじるしく時間を食い、チームの能率を落としていた。さらに悪いことには、彼女は決定する段になると立ち往生して、もっと情報がほしいと主張する。情報を十二分に与えても、結局は他の人に責任を押し付ける。

あなたのチームにキャシーのような人がいたら、つぎのようなやり方で、不安を克服する手助けをしよう。

◆「あなたはこの仕事に十分に知識があるから、見直しはたいてい一回で十分だ、何度も見直す必要はない」と言って安心させる。
◆「たまにミスがあってもそれは当然のことだ。あとでみつかったときに訂正すればよいことで、ミスをした人に能力がないなどとは誰も思わない」と言う。
◆意思決定の前にもっと情報がいるという主張に同意できるときは、情報源をしめして、自分で入手させる。情報が十分に見えるときは、直ちに決断するようにはっきり告げる。
◆どう決定したらいいかたずねられたら、「それはあなたが決めることだ。直ちに決めなさい」と言う。神経過敏になるほどの人は、たいてい専門知識が十分にあり、いい判断をする。ただ考えを口にだしたり行動に移したりするときに、安心してそうできるような助けが必要なのかもしれない。

きみはまちがっていると言ったら、相手は喜んで同意するだろうか？
とんでもない！
あなたはその人の知能や判断力やプライドや自尊心に一撃をくらわしたのだ。
相手は殴り返したいと思うだけで、考えは決して変えないだろう。
たとえプラトン、カントの理論をもってしても、
意見を変えさせることはできない。

それはあなたがその人の感情を傷つけたからだ。
デール・カーネギー

かんしゃくもち

テリーは仕事はできたが、ときどきかんしゃくを起こし、同僚や、ときには上司にさえ当たり散らす。かんしゃくそのものはじき収まるものの、グループ全体の仕事が中断され、しばらくはもとの調子を取り戻せない。上司はテリーにその癖のことを何度か注意したが、効果はなかった。人がどなり散らしているそばで仕事をするのは容易ではなく、とりわけ標的にされた人はたまったものではない。攻撃された人はもちろん周囲の人も、そのあと何時間も仕事に集中できなくなるので、その状況は放っておけない。テリーのようなかんしゃくもちのあつかいについていくつか助言しておこう。

◆気が鎮まるまで本人を部屋の外に出しておく。再度そうした事態が起きれば懲戒処分につながることを告げる。
◆気が鎮まったら、腹を割って話をする。「気持ちを抑えることが誰にでも簡単ではないことは理解できるが、あのような騒ぎを起こすことは職場では許されない」と言う。
◆話の途中で相手が泣き出したり、再度かんしゃくを起こしたりしたら、「あなたの気持ちが鎮まったら戻ってくる」と言い置いて、部屋を出ていく。一〇分ぐらい部屋の外で待ち、話を再開する。これは個人攻撃ではなく、いまの状況を改めるのが目的だと言って本人を安心させる。**注意**――この種の話し合いをあなたの個室でしてはいけない。混乱している人間をあなたの個室に一人で置くことも得策でない。会議室を使おう。
◆「口を開くまえに一〇まで数えよ」という格言を思い出そう。
◆会社に従業員が悩みを相談できるような窓口があれば、そこのカウンセラーに相談するよう本人にすすめる。

ネガティブな人

どこの職場にもネガティブな人間がいる。人が何かに賛成すると、彼らは反対する。あなたが何かやりたいと言えば、そんなことは絶対できないという理由をあげる。何事にもつねに否定的で、悲観的な人生観をもち、たいてい怒りと不満を抱え、鬱屈している。絶えず人を批判し苦情を言う。

シドはそういうネガティブな従業員の典型だった。人が改善したいと思うことには必ず反対し、仲間をたきつけて上司にたてつかせる。指示にはいちいち文句を言い、上司がどうしても譲らないときだけしぶしぶ腰を上げる。どんな対応も効果がなく、こちらが業を煮やしてつい声を荒立てれば、もっと声高にやり返した。理屈は通らない。罰の脅しは無視。実際の罰も、効き目はほんのいっときだ。

なぜシドはこんな態度なのだろう？　こうした問題は子供時代に始まって、長期におよんでいることが多い。まずは両親に反抗し、学校に行きだしてからは教師や校長に反抗し、職場では権威者であるあなたが標的というわけだ。彼にとっては経営者側の提案や指示のすべてが反従業員的なもの、もっと言うなら反シド的なものなのだ。

彼の態度を変えるために、あなたにできることはあまりない。専門家の力が必要だ。あなたにできることは、せいぜい特定の状況下での彼の行動を変えることぐらいである。難しいが、できなくはない。

人は誰でも自分の人生に何がしかの支配力をもちたい。だがほとんどの人はそうできない。私たちは子供のときからずっと誰かに――親や教師やコーチや上司に、ああしなさいこうしなさいと命令されてきた。こうした他からの支配力に対して、子供時代にはかんしゃくを起こし、一〇代には反抗したり親や教師をごまかしたりして戦ってきたかもしれない。しかし大人になると、他人をごまかすのは、ことに上司をあやつるのは簡単でないとわかるので、もっと成熟したやり方で彼らとつき合っていくことを学ばなければならなくなる。つまり変えられるところは交渉して変え、変えられないなら受け入れるというやり方で。ネガティブな人は、支配を受け入れることを拒絶しているか、もしくは受け入れることができない人間なのだ。彼らはあらゆる手段でこれと戦い、上司や仲間や、そしてたいていは自分自身を不幸にしている。

部下にしてはいけないこと

シドの上司のサンドラは、彼の反抗癖に業を煮やし、もし態度を変えないならクビにすると脅したが、彼はこの脅しが口先だけだということを知っていた。きわめてスキルの高い専門家である彼の代わりは、なかなかみつからないからだ。はたして脅しは何の効果もなく、結局はサンドラの挫折感をつのらせただけだった。脅しは役立たない。その言葉どおりのことを実際にするつもりでないかぎり、部下を脅してはならない。

彼らに悪意を抱いてはいけない。たとえいちいちたてつかれても、一人の貴重な従業員としてあつかわなければならない。のけ者にすれば、ますます反抗的になるだけだろう。

フィルも反抗的な部下に我慢がならなかった。指示をがんとして受け入れなかったり反論したりする従業員をまえにすると、つい声が大きくなる。しかし、どなって相手の気持ちを変えさせられたことは一度もなかった。そういう部下には決して声を荒立ててはいけない。事態を鎮めるどころか悪化させるだけである。

反抗的な部下が、すませておくべき仕事をすませていないことに対してばかげた言い訳をしたときは、それを鼻でせせら笑うのもいけないし、その明らかにばかげた言い訳を論駁しようとするのもいけない。その時点では、理屈はさらなる抵抗に遭うだけだ。言い訳は無視し、彼がやるべきことをもう一度言おう。

マイラは論争屋である。新しいアイディアには必ず抵抗するだけでなく、何かにつけ議論をふっかけてくる。そういう議論に口をはさもうとしてもむだだ。聴く耳をもたないからだ。そういう相手には、ともかく自分の言いたいことを何もかも話させることだ。あなたの話はそれからだ。

あなたの感情をコントロールする

反抗的な人間には誰でも腹が立つ。絶えず反抗する者に対しては、たとえそれが可能でも、不快をしめさずにいる必要はない。だが「またいつもの悪い癖だ、振り回されないぞ」とむきになっていないで、こう考えよう。「あれは権力に対する反感を表わしているだけ。その問題とも私とも、まるで関係のないことだ」。反抗を特定の人間への攻撃だと受け取らなければ、感情的にならずに対応できる。

一定の枠内で支配力をもたせる

仕事の手順や締め切りを決めるとき、できれば部下を参加させよう。彼らに細かい指示を与えるかわりに、満たすべき基準を明確にしめして、それをどうやって満たすかは彼らに任せればいい。そうすれば細かい点やささいなことでいちいち衝突するのを避けられる。ネガティブな人間はそれでも何か反抗のタネをみつけるだろうが、仕事に対して自分の支配力が増せば、その分だけあなたと戦う必要がなくなる。

隠れた本音を聴き取る

反抗的な人間はずけずけものを言うように見えて、そのじつ本音は隠しているものだ。彼が不当にあつかわれたと言い立てるのは、本当は、あなたに嫌われているかもしれないという不安をごまかしているのかもしれない。反抗的な態度は、往々にして助けてほしいという叫びである。彼らの苦情から、言葉にされない部分を聴き取ることができれば、ネガティブな態度の本当の理由がわかるかもしれない。

本音が読み取れたら、彼らのその本当の不満と現実の状況に対して、あなたがいま何が言えるか、何ができるかを自問しよう。あなたの対応が防衛的でも批判的でもなければ、向こうも胸のうちを明かす気になるかもしれない。自分が理解してもらえたと実感できれば、その人間はずっと協力的になる。

部下があなたから嫌われているかもしれないという不安を隠しているのがわかったら、目下の問題に対処してから、何かその人のよい行ないや業績をほめ、その人を評価していることを伝えて安心させよう。

良好な関係づくりに取り組む

ネガティブな人間は絶えず安心させてやり、元気づけてやることが必要だ。彼らと良好な人間関係を築けるように対策を取って努力することで、性格は変えられないにしても、行動は変えられる。

彼らと話をしよう。関心事、目標、現実の生活のことなど、できるだけ多くのことを知ってほしい。仕事に何を求め、何が手に入らないのかを探し出そう。できれば、目標の達成や問題克服の助けになるような教育訓練や支援を提供する。

彼らの友達になる必要はないが、敵でないことが大事だ。あなたの決定を伝えるときは、手間ひまを惜しまず十分に説明しなければならない。彼らに考えや意見を求めよう。おりにふれて仕事のことでない雑談もしてほしい。そうするうちに彼らはあなたをたんに上司や管理者としてでなく、一人の人間と見るようになる。

ネガティブな部下を理解することに力を注ぎ、彼らを「問題社員」ではなく「問題を抱えた人間」と見るようになれば、彼らとの関係はずっとなめらかで生産的なものに変わっていくはずだ。

「あら探しごっこ」に巻き込まれてはいけない

他人のミスをみつけるのが人生最大の楽しみという人間といっしょに仕事をしたことは？　このゲームをする人間は、自分の優越性を証明したくてしかたがない。だがたいていは新しいアイディアも建設的な提案も出せないから、他人の、とりわけ上司のミスをみつけることで、そこを何とかしようとする。だから上司に恥をかかせたり不愉快な思いをさせたりが楽しくてたまらないのだ。彼らにそういう満足感を与えてはならない。そんなものは笑い飛ばそう。「おっといけない、大失敗だね」とか「あらら、やっちゃったわ」とかなんとか言っておけば十分だ。さもなければ「みつけてくれてありがとう。大ごとにならずにすんだよ」とニッコリしておけばいい。あなたをゲームに巻き込むことができないとわかれば、あきらめて、ほかへ楽しみをみつけにいくだろう。

不幸な人と働く

　どんなグループにもたいてい一人は不幸な人がいる。仕事や家庭がうまくいかない時期は誰にでもあるが、そういう不幸が本人の仕事ぶりはもちろん、周囲との人間関係にも影響する。管理者はその可能性につねに留意して、彼らとつとめて世間話をしたりして、抱えている問題を人に話す機会を与えよう。人に打ち明けるだけでも気がらくになることが多いし、たとえ問題の解決にはならなくても、気分が明るくなれば、同僚も気を遣わなくてすむ。

　しかしなかには、つねに何らかの理由で不幸になっている人もいる。与えられた仕事が気に入らないという人も多い。彼らはたとえ要求が聞き入れられ、苦情に応じてもらえたとしても満足しない。不幸感を反抗的になることで表現する人もいる。たとえば休暇の予定を変更したいという要望が拒否されたりすると、ものすごく腹を立てて、あからさまにも陰険にも怒りを表わすだろう。

　すべての部下をあなたが幸せにすることはできないが、不当にあつかわれたと一度信じてしまった人に、やる気を取り戻させるのは、そうとうな気配りと忍耐がいる。管理者が何かを決めるときは、なぜそう決めたかを必ず説明するなどして、不公平な事態が起きるのを極力避けなければならない。休暇の例でいえば、あなたの会社では休暇の予定を何カ月も前から申請する決まりになっていて、同じ期間にすでにグループのメンバーが届けを出しているということ、何人もいっしょに休暇を取る余裕はないということを説明してもいい。あるいはその不幸な部下に、休暇を代わってくれる人を自分でみつけることを提案してもいい。

職場で出会う「難しい人」には、まだほかのタイプもある。

変化に抵抗する人

職場の新しい動きや変化に抵抗する人がいる。あからさまに抵抗する人もいるし、無言でしぶとい抵抗に出る人もいる。変化に同意はしても、実行や導入を妨害することもある。こういうタイプの人をあつかうには、彼らの責任感や高いこころざしに訴えて、変化に巻き込んでしまうことだ。新しいプランの実行にさいして彼らに役割を与え、変化への合意を事実にしてしまおう。

九時五時の人

彼らはきっちり九時から五時まで働く。それより長くも短くもない。それは自分の仕事ではないと上司や同僚に告げるときは、みごとにすばやい。「C級」社員と呼ばれることもある。学校時代からずっと及第すれすれでやってきて、いまでも最低レベルで切り抜けて、給料をもらっている人たちだ。彼らを知る努力をしよう。何が彼らのスイッチを入れるのかを探ることだ。何かちょっとした仕事をしたときに、それを認め、ほめて励ますといい。それで態度ががらっと変わって、いきなりやる気を出してくれることもある。

ゴシップ好きの人

他人の生活をのぞき見したり、うわさ話を広めて気晴らしする人もいる。彼らのちっぽけさは、孤独のしるしかもしれない。うわさ話をすることが、他人と交流をもつなけなしの手段なのだ。うわさ話に加担して彼らをいい気にさせてはいけない。事実と証拠だけを頼りにしよう。

ミスを他人のせいにする人

彼らはミスが生じると、すばやく自分以外の誰かを指さす。そしてなぜ自分はそのミスに責任がないのか、ちゃんと答えられる。そういう人たちとつき合う最良の方法は、予測されるミスと責任の所在とを、つねにセットにして明示しておくことだ。そうすればミスが生じても、情報が入手しやすく修復が容易になる。あなた自身の失敗談を打ち明けて、部下の羞恥心をやわらげておくのもいい。

同輩とうまくいかないとき

上司や部下とはとてもうまくいくのに、何人かの同輩、つまり他のチームリーダーやマネジャーとは何かとぎくしゃくする――それはなぜだろう？
理由はさまざま考えられる。胸に手を当てて考えよう。原因があるのはこちらか、向こうか？心の内を探るのは容易ではないが、自分に正直になる努力をしよう。うまくいかない相手がもしも大勢いるなら、あなたの行動や態度、考え方に問題があるかもしれない。頑固だったり、自分のやり方を人に押し付けていたりしないだろうか？　傲慢な印象を与えたり、いばっているように見えたりするのに自分で気づいていないのでは？　自分を客観的にながめよう。友人や親しい仲間に意見や助けを求めてもいい。
逆に、苦手な相手が一人か二人というときは、おそらく向こうに問題がある。できれば原因をみつけよう。もしかしたら誰ともうまくやれない人間なのかもしれない。あるいは、仕事の目標や進め方が、あなたのそれと合わないのかもしれない。理由はほかにも考えられる。

競争意識

相手はあなたを社内の出世競争のライバルとみなし、意識的にか無意識にか、協力するのを怖がっているのかもしれない。

嫉妬心

あなたの地位か業績に対するねたみが原因とすれば、あなたにできることはあまりない。そういう人格的な問題には専門家の助けが必要だ。彼らはよほど抜きんでた、代役の利かない専門技術でももっていないかぎり、職場ではまず成功しない。あなたの身辺にいるのもたぶん長くない。

競争心や嫉妬心から問題が発生しているとしても、そういう相手は如才なくあつかおう。何かの企画に共同で取り組むことになるかもしれず、協力を得なければ何事も達成できないのを忘れてはならない。

> 人からどうぞと差し出されたアイディアより、
> 自分で苦労してみつけだしたことのほうが、
> ずっと信頼できるのではないだろうか？
> だとすれば、自分の考えを他人に押し付けるのは得策でない。
> ヒントだけ与えて、
> 結論は相手に考えさせるほうがはるかに賢明というものだ。
>
> デール・カーネギー

つぎにあげるのは腕利きの販売員が採用している売り込みの原則である。協力的でない同輩を説得したいときにも役立つだろう。

1◆気を引く

抵抗されそうな提案をするときは、相手がおやっと思って、こっちを向いてくれるようなことをまず言う。ほめられるのが嫌いな人はいない。相手の業績のなかで、本当に感心していることをほめよう。必ず注目してもらえる。

2◆質問をする

その提案にかんして、相手が最も興味を引かれる点を探し出そう。こちらの考えをただ並べるのではなく、質問をする。その答えに耳を傾けることだ。ほとんどの人が「売る」ことばかりに気を取られ、「買い手」が本当にほしいのは何かを十分聴き取っていない。向こうの関心がこちらと同じと思い込んではいけない。あなたはその案が経費節減になることを強調したいかもしれないが、同僚は、その案に他にはない可能性が秘められていることにずっと興味を引かれたかもしれない。相手の言うことをしっかり聴いていないと、それに気づけない。

まずは事実を知る。偏りのない目で、あらゆる情報を収集する。問題の解決に取りかかるのはそれからだ。

デール・カーネギー

3◆証拠をしめす

売り込みたい案を後押しするような証拠をできるだけたくさん集める。相手が本当にほしがっているのは何かがわかったら、それに合わせて証拠を揃える。

4◆反論に備える

相手と前もって話ができれば、どう反論されるかを予測して、それに備えられるかもしれない。質問して、相手の考えをつかもう。相手の不服な点を知るのが、本当の問題がどこにあるかを知るいちばんの方法だ。

意見が異なるときに、衝突を緩和する一つの方法は〝クッション〟を使うことだ。つまり、つぎのような言い方をして、意見の違いがきつく当たらないようにする。


「きみの言っていることはよくわかります……」

「ではこう考えてみませんか……」

「あなたの意見はもっともだ……」

「では、……についても話し合いませんか」

「こういう見方はどうかな……」

「もしも……だったら、どうなるかな」

「……について考えたことはないかい?」

「その案とこの案を比べると……」

重要なことは、これらのクッションのあとに（または前に）「でも…」「しかし…」「それでも…」「その反対に…」といった言葉を続けて使わないことだ。ただちょっと間を置くか、さもなければ「で…」「そこで…」「また…」といった言葉で話をつなぐ。

5◆賛成をとりつける

これならうまくいくと双方が思えるプランを提案する。その案を相手に言い直してもらい、正しく理解されたことを確認する。

難しい相手に歩み寄る

相手がどんなに難しい人間でも、双方が合意できる解決に至るのが得策ということもある。ならば妥協はやむをえない。うまく折り合いをつける秘訣をいくつかあげておこう。

◆相手の関心事を念頭に置く。
◆批判を個人攻撃と受け取らない。論理と思考を感情でくもらせてはならない。
◆意見の違い、偏り、多様性を尊重し、そこから得られるものを得る。
◆胸を開いて相手の意見を聴き、新しいアイディアに柔軟になり、相手とともに決定する。
◆ブレーンストーミングを行ない、共同で合意に至る。話し合うことがらは――

問題点は何か
問題の原因は何か
どんな解決策が考えられるか
最良の解決策は何か
◆率直に、きっぱりと話し、提案には証拠をそえる。
◆謙虚な専門家になる。相手の専門知識を優先させるのをいとわない。
◆理性的に、公正に、誠実にふるまう。

相手が全面的にまちがっているかもしれない。
だが向こうはそう思っていないことを忘れてはいけない。
非難せず、相手を理解するようつとめなさい。
それは賢く辛抱強い、とびきりの人間にしかできないことだ。
彼らがそう考え、そうふるまうのには必ず理由がある。
その隠れた理由を探り出すのだ。
そうすれば彼らの行動を、おそらくは人間性を理解するカギがみつかる。
相手の身になることに誠心誠意つとめなさい。
デール・カーネギー

難しい場面で自分を保つ

対立の解消に理性的に取り組むのは、思うほど簡単ではない。平常心も、道理も、おおらかな心もどこかへ行ってしまうことが多い。しかし難しい人が相手のときは、平静を保ち、感情的にならず、自分を見失わないということが何よりも必要になる。

心理学者のウィリアム・ジェームズはこう言っている。「感情が先で、行動はその結果のように見えるが、実際には両者は相伴い、同時的に進行する。したがって意志の力のおよびやすい行動を制御することで、意志ではどうにもならない感情を間接的に制御できる」

すなわち、冷静で理性的な人間らしくふるまうことで、冷静で理性的になれるということだ。寛容にふるまえば、実際に心が寛容になる。そのうえ、やりとりをしている相手にも同じふるまいが伝染し、したがって同じ気持ちが起きる。まるで魔法のように。

話し合いに臨むときに心がけてほしい行動をいくつかあげておこう。

◆口を開くまえに一〇まで数える（もちろん心の中で）。
◆穏やかに話す。
◆おおらかなボディランゲージを保つ。

◆自然に目を合わせて話す。
◆適切な微笑みを心がける。
◆適当な物理的距離を保つ。
◆わずかに前傾した、話に集中できる姿勢を保つ。
◆相手の話をさえぎらない。

冷静に話し合うための六つのステップ

難しい場面を切り抜けなければならないことがわかったら、その場に臨むまえに、つぎの準備をしておこう。

頭を整理する◆自分の思考と感情をつかみ、それをノートかEメールに書き記す。もちろん送信してはいけない。
意見を求める◆公平な第三者に状況を説明し、正直な意見を求める。
身体を動かす◆外へ出て散歩したり、何か運動したりする。
思案する◆相手の立場でその状況をながめ、自分はどうしたらよかったのかを考える。
一晩眠る◆翌朝、ノートやEメールを読み返し、その状況が奮闘に値するのか、それとも、なりゆきに任せていいことかを判断する。

話し合いに臨む◆なりゆきに任せるにしても対決するにしても、穏やかに話し、温かいボディランゲージを心がけ、場合によってはユーモアを交えておたがいの緊張を和らげる。

まとめ

忘れないでほしい。あなたはほぼ確実に彼らといっしょに仕事をし、なおかつ彼らの尊敬と信頼を得なければならないのだ。たとえ彼らが反抗的で非協力的でも、行動に問題があっても、あなたの嫌いな人間でも。怒りに身を任せてはいけない。冷静さを失ってはいけない。どんな状況下でも、自分を見失わずにいられるように、つぎの助言をしておく。

◆**正直になる。**

◆**つねに真実を語る。**

◆**責任を取る。たとえその問題があなた個人に関係がなくても、逃げてはいけない。投げ**

られたボールは受け止めて、措置を講じ、投げ返すという態度をしめす。

◆準備して、その場に臨む。どんな質問や批判が出るかは必ずしも予測できないが、その場でこちらが言いたいことは準備できる。

◆発言する準備をしてきたことは、進んで発言する。相手の質問に答えたあとで、こうつけくわえてもいい。「さて、ついでながら言わせていただくと……」

◆つねに前向きに考え、行動する。批判や質問を受けたときは、まずそれらの建設的な側面を探し出す。建設的な返答から始め、そのあと批判に答える。

◆相手のまちがいは直接指摘せず、間接的に注意を促す。

◆相手の面目をつぶしてはいけない。

◆ほめ言葉や、励ましの言葉をかけ、相手が誤りを改めやすいようにする。

◆こちらの提案に相手が喜んで従える工夫をする。

第8章 じょうずに「ノー」を言う

大勢と仕事をすれば、そのなかの一人や二人と意見が合わないという状況は必ず起きる。しかし不賛成を唱えたからといって不仲になる必要は一つもない。気配りや忍耐や相手に対する理解があれば、気まずい空気を招かずとも反対意見が言える。

ジュリーは人から嫌われたくないという気持ちが人一倍強かった。どうしてもノーと言うことができず、さまざまのことを不本意ながら受け入れてきたために、職場や人生で身に降りかかる問題は、満足に解決されないことが多かった。

ショーンは異論を唱えるのが好きだ。承服できない状況がちょっとでもみつかると、声高に、独断的にまくし立てる。そうすることで自分が偉くなったような気がしているのだが、実際にはまわりじゅうの反感を買っている。

異論、反論を表明することはもちろん重要だ。みんなが賛成ばかりしていたら、私たちは少しも進歩しないばかりか、おそらくこの競争社会では生き残ることさえできないだろう。それに、そう、恨みも不和も招かずに意見の相違を表わすことは、少しも難しくない。

何に不賛成なのかを明らかにする

意見が違うように見えて、実際にはコミュニケーションの不足だったという事態はよく見られる。不賛成を口にするまえに、本当に不賛成なのかどうかを確かめることだ。話がよく理解できていないのかもしれないし、まちがった解釈をしているのかもしれない。言われたことについて質問をするなどして、誤解がないか確かめよう。

相手の主張の多くに、あるいは大半に同意できるが、できない点がいくつかあるといった場合が最も多いだろう。同意できるところとできないところを分けるのが得策だ。そうすれば、全体ではなく意見の異なる点にだけ議論を集中させられる。

礼儀正しくせよ

反論の目的は、角度の違う見方やべつの取り組み方に相手の注意を向けることである。それには相手に聴く耳をもってもらわなければならない。それは配慮のない無作法なやり方ではむりだ。ショーンの意見はしばしば革新的で素晴らしかったが、それを辛辣な毒のある「ユーモア」で表わしたために、彼と友達になった人は一人もいなかった。

ドンはテーブルを叩いて抗議する。自分の考えを強引に押し付ける。その傲慢なふるまいや声高な物言いのせいで、たとえその意見が当を得たものであっても、まわりはみなうんざりしてしまう。こういう態度は職場をただ不快にするだけでなく、しばしば長くて実りのない議論に陥らせる。もしもショーンやドンが礼儀正しく如才ないやり方をしていたら、彼らのすぐれたアイディアは、すんなり受け入れられていただろう。

相手の顔をつぶさない

イーディスが販促企画の説明に熱弁をふるっていたとき、グローリアはそのプランの前提となる考えに大きな誤りがあることに気づいた。イーディスのプレゼンテーションが終わったとき、グローリアはグループ全員のまえでその誤りを指摘した。まるでオニの首でもとったように。

イーディスはどんな気持ちがしただろう。恥ずかしかったしグローリアが恨めしかった。この出来事がその後の二人の関係をよくするとは考えられない。二人の協力関係こそ、職場のすぐれたチームワークに何より重要なものなのに。

もちろん誤りは気づかれ、訂正されなければならない。しかしイーディスの顔をつぶさずにそうすることができたらはるかによかっただろう。グローリアはできれば他人の目のないべつの場所でイーディスに注意するべきだった。

批判せず、質問する

ゲーリーはいささか神経過敏な若者だ。批判を気楽に受け取れないタイプで、自分の意見が否定されると防衛的になってしまう。彼はいま、課で使う新しいプログラムを何日もかけてやっと完成させたところだった。そしてそれを上司であるあなたのところへもってきた。ゲーリーが内心期待しているのはただの及第点ではなくて、よくやったね、おめでとう、というほめ言葉だ。あなたは差し出されたものを見て、基本的にはＯＫだと思ったが、だいぶ手直しが必要なところが何箇所かあった。さて、これをどうゲーリーに伝えたものか？　彼に食ってかかられたり、すねて何日もふくれっ面をされたりするのはごめんだ。

まずは、彼のプログラムのよくできているところをすべてほめてほしい。同意できないところを指摘するのはそれからだ。同意できない一つめの点について具体的に質問する。質問に対する彼の反応は、三通りあるだろう。

一つめの反応

「それには気づきませんでした。ここは考え直したほうがいいですね。もっといいやり方をみつけます」。というわけで、ゲーリーはプログラムの改善に快く同意する。

二つめの反応

「それには気づきませんでした。どうしたらいいですか?」。つまり彼は自分がまちがっていたことには同意したものの、自分で解決しようとせずに、あなたに面倒を見てもらおうとしている。ならばこう直しなさいと言うのは簡単だし、急ぐときはそうせざるをえないかもしれない。しかし最良の策は、部下に自分で解決させることだ。彼にこう答えるといい。「そうだね、ここはもうちょっと考えてごらん。今週中にもう一度見せてくれないか」

三つめの反応

彼の返答を聞くと、彼のほうが正しく、あなたの反論のほうが見当違いだったことがわかる。そのときは彼に、なるほどよくわかった、説明してくれてありがとうと礼を言い、つぎの質問へ移る。

批判でなく質問をすることで、部下を怒らせずに、彼らから最良のものを得ることができる。彼らは自分の誤った考えを捨てて、よりよいアイディアを何とかして探そうという気持ちになる。

結果として、彼らの創意工夫の才がみがかれ、また職場の業績を向上させる革新的なアイディアも手に入る。

ソクラテスは弟子たちに「あなたはまちがっている」と決して言わなかった。弟子の答えが正しくないときは、べつの質問をした。そうやって質問を重ね、弟子はそれらの問いに取り組むことをとおして正しい答えにたどり着くのである。これは今日でも「ソクラテスの手法」と呼ばれ、異論のあるときに取るべき手段の一つである。「あなたはまちがっている」と言うかわりに、相手の意見について質問する。質問されたほうは、嫌でも自分の考えを検討し直さなければならない。そしてあなたの真意を理解するだろう。その間あなたは否定的なことをいっさい言わなくていい。

人ではなく問題に焦点を合わせる

話し合いを、やり込め合いにしてはいけない。「きみの考えはいいかげんだ」とか「あなたはよく考えたの?」といった「人」を非難する言い方ではなく、同意できない点を具体的にして、その点だけを話し合おう。相手の思考の過程、つまりなぜそういうことを言うかは問題にしない。あなたとその人が、これからもずっといっしょに働かなければならないことを忘れてはいけない。相手に対する否定的な発言は、将来の関係に悪いタネをまくだろう。

メレディスは私生活にもこの方針を取り入れた。夫のジョージとはしょっちゅう議論していたが、あるとき自分が問題を論じているのではなく、個人攻撃をしているだけなのに気がついた。「あなたがそこまで頑固者じゃなかったら、こんなことにはならなかったわよ！」と夫を責めれば、もちろん夫も同様にやり返す。これからはジョージではなく問題だけに集中しようと彼女は決心する。そしてつぎに意見が衝突したときは、ジョージの「頑固さ」を責めたい衝動をぐっと抑え、問題だけを話し合った。このおかげで事態が以前より早く解決するようになっただけではなく、二人のあいだもずっと和やかになったのだった。

争点は一つに絞る

リタは怒った。トムがいましがた提出していった報告書が、まるでいいかげんだったからだ。外してはいけない項目のいくつかがまったく取り上げられていないし、表面的にふれただけのところも多い。リタはトムが昼休みを過ぎてもなかなか戻らないことや、休憩が長いことも気になっていた。それらすべてのことをトムと一度膝をつき合わせて話す必要があった。しかし、と彼女は思った。この全部をいっぺんに話しても、トムの反感を買うだけで、目下の問題の解決にはならないのでは？　いまはともかくこの報告書を書き直して、満足のいくものにしてもらわなければならない。リタは報告書のなかの特定の問題についてだけトムと話をすることにし、他のことはべつの機会にまわすことにした。

建設的に反論する

ローレンはあら探し屋さんだ。他人のどんな提案にも何かしらまちがいをみつけ、おまけに彼女が正しいことが多い。会議で彼女が発言しようとすると、他の者はうんざりする。何かネガティブなことを言い出すに決まっているからだ。

ハリーもまちがいには鋭いが、彼が何か指摘して他人の注意を促すときは、代わりにこうしたらどうかという案をそえることが多い。代案がないときは、もとの案を出した人に自ら手伝いを申し出て、いっしょに解決策を探したりもする。そんなところから彼は建設的な人間とみなされ、たとえ異論や反論でも、たびたび意見を求められ、頼りにされている。

反対意見を述べる際は礼儀正しく、誠実でなければならない。相手の役に立ちたいという前向きな姿勢がなければならない。そうすれば反論は人に受け入れられ、よりよい解決をもたらすものになる。職場でも人生の他の場所でも、生産的で永続的な人間関係を築く一助になるだろう。

人の意見に十分考慮を払い、その人の、自分は重要な人間だという気持ちをもり立ててほしい。

デール・カーネギー

怒りを買わずに助言を退ける

人の意見に反対することは、ただでさえ怒りを買いがちなのに、自分でアドバイスを求めておきながらそれを拒絶したりしたら、相手はどんなに怒るだろう。

アート・Wが部長に昇進したとき、すぐに気づいたのは、自分の右腕となるはずのジェフ・Jが、その状況を快く思っていないことだった。ジェフは自分が部長になるものとばかり思っていたのだ。アートはこの新しい職場で成功したければ、ジェフを味方につけることが不可欠だと考えた。ジェフにつむじを曲げられたら、部全体が麻痺してしまう。彼に恨みを乗り越えさせる唯一の道は、この部にとって自分は重要な人間だと思わせることだ、それには彼にアドバイスを求めるのがいちばんだ、とアートは思った。

アートが着任してから何週間かたったころ、部に最初の危機がおとずれた。解決策はいくつかあった。しかし彼はいまこそジェフの支援を得るときと考えて、彼に問題のあらましを説明し、解決案を求めた。ジェフはしばらく考えて、その状況に対処する彼なりの案をみつけだしたが、そのアイディアを聞いた瞬間、アートにはそれが役立たないことがわかった。それと同時に、その案を採用しなかったら、ジェフはますます自分を恨むだろうとの思いにもとらわれた。

マーゴ・Mがスタッフを集めて、直面している仕事上の問題を話し合っていたとき、しばらく考え込んでいたダーリーンが一つの解決策を提案した。そのとたんマーゴの頭に浮かんだ返答は「それはだめよ、以前に試したもの」。確かにその案は以前に試され、功を奏さなかった。しかしダーリーンにそう言えば、彼女は自分の考えなど求められていないのだと解釈しかねない。そんなあつかいを恨みがましく思うだけでなく、どうせ聞いてもらえないなら考えてもむだだと思うかもしれない。

どちらのケースでも、助言を受け入れないという上司の態度はまったく正しい。しかしどちらのケースでも、拒絶が怒りを買う可能性があるし、同様に困るのは、将来のアイディアを封じてしまうかもしれないことだ。不毛なアドバイスは明らかに受け入れるべきでなく、すべてのアイディアがすぐれているとはかぎらない。それどころか、ふだん私たちの頭に浮かぶアイディアは、役に立たないものがほとんどだ。問題をとことん考え抜かないかぎり、よいアイディアは生まれない。トーマス・エジソンは電球をつくるアイディアを一〇〇〇通り考えついて一〇〇〇回失敗し、そのあとでようやく成功する方法をみつけだしている。役立たない提案を拒否し、なおかつ怒りを招かない、そして創造性を封じてしまわないやり方を、私たちは学ばなければならない。

他人の前で提案を退けてはならない。そんなことをすれば、当人は面目を失い、同僚の前で恥ずかしい思いをする。提案してくれたことに礼を言い、あとで話があると言っておこう。話は他人の目のないところでする。マーゴとダーリーンの場合なら、マーゴがダーリーンをその日のうちか、あるいはできるだけ時間をおかずに自分の個室へ呼んで話をする。ダーリーンに彼女の案をあらためて述べてもらい、こんなふうに切り出そう。「実はねダーリーン、同じようなことを二年前に試したのよ。そのときいつくか問題があったの」

言葉の選び方に注意しよう。マーゴの頭に最初に浮かんだのは「それはだめよ」。これは最終回答だ。救われる道はない。それに対して二度目の言い方は「いくつか問題があった」。ドアはまだ開かれている。ダーリーンは必ず「どんな問題ですか？」と聞くだろう。前回なぜ失敗したかがわかったら、彼女はこう反応するかもしれない。「それには気づきませんでした。もっとよく考えてみなきゃなりませんね」。将来のアイディアを封じるどころか、なんと彼女はもっと考える気になっている。もしかしたら、そのうちこう言ってマーゴを驚かすかもしれない。「あれからずいぶん考えました。で、みつかったんです、解決策が！」

上司とのあいだに良好な下地をつくる

あなたの職業人生において最も重要な人物の一人が上司である。イエスマンが好きな上司は多い。彼らは近視眼的人間で、たぶんあまり出世はできない。できるリーダーはできる部下を求め、できる部下はときどき反論する。しかしあなたの出方しだいで、上司の考えが変わるか、それともあなたが職を失うかの違いは生じる。

仕事から得る満足感や幸福感、仕事上の進歩や成長にとって、上司より重要な人間はいない。

すぐれたリーダーであり、先輩であり師であるような上司に恵まれた人は幸運だ。一方には、そりの合わない上司のもとで働かざるをえない人たちもいる。

しかしどんな「上司運」のもとにあろうとも、その運命を最大限に役立てることはできる。上司の仕事上の大目標や、流儀や習慣を研究して、あなたの行動をそれに合わせることだ。

リンダは仕入部に配属されると、仕入部長のキャロルの仕事ぶりがきわめて几帳面で、部下にもそれを期待していることをたちまち知ることになった。キャロルは始業の一〇分前には必ずデスクについているし、オフィスも整理がいきとどいている。あらゆるものに定位置があり、あらゆるものが定位置にある。リンダの前の上司は何事にもずっと無頓着で、その人のもとにいたときは、彼女の職場での習慣もそれ相応だった。リンダは仕事のしかたを直ちに一新する決心をする。上司よりいくらか早く出社して、デスクはきちんと整頓しておく。服装も折り目正しいものにした。この努力が、キャロルとのあいだに良好な関係を築く土台をたちまちつくりあげる。そして彼女の長い幸福な会社員人生と、とんとん拍子の昇進につながったのだった。

上司に「ノー」を言う

部下にも上司に正直な反対意見を述べなければならないときがある。部下に反論されるのを嫌がるような上司は、マンネリにおちいり成功できない。しかしながら心理学的に人間は、ほとんど誰でも批判されることが苦手にできている。だからあなたが反対意見を述べる相手が上司のときは、それをどう述べるかで人生が変わってしまうかもしれない。そういう相手への反対意見の述べ方について、いくつか助言をしておきたい。

事態に対して正直になろう。そして相手の考えに同調できないと感じる理由を、気配りをもって伝えることだ。スティーヴの上司が新商品のマーケティングプランを提案したときは、その製品にかける彼の熱い思いにあおられて、部下のほとんどが無批判に受け入れてしまったかにみえた。スティーヴはそのプランにいくつか欠点をみつけたが、盛り上がった空気に水をさすようで、とても言い出せない。それでも自分の心配を隠したままにして、もしもプランが失敗したら、それこそ後悔するだろうと思った。そこでその場で上司に反論するのは控え、つぎの日まで待った。そして上司と二人だけになれるときを見計らい、話を切り出した。まずはそのプランに大筋では賛成なことを述べ、上司の力になることをあらためて伝える。そこで、と彼は続けた。「このプランから何が派生するかを考えてみました。いくつか質問させてください」。そうやって反論を開始し、「私はこれが役立つとは思いません」といった独断的な言い方でなく、「もしこうなった場合はどうなると考えられますか?」というような質問のかたちにして自分の心配していることを上司に伝えた。そのかいあって、スティーヴが不賛成でも上司は怒らなかった。事態に対して正直になることは重要だ。そうでないと結局は、あなたにも上司にも不利益が生じるかもしれないのだから。

反対意見をもち出すときは、建設的な代案を提示しよう。スティーヴはマーケティングプランの件で上司に会う約束をするまえに、それについて真剣に考え、目下の問題を解決するかもしれない代替的な案をいくつかみつけておいた。したがって上司が問題の存在を認めたときには、それを差し出す用意があった。それによって反論は否定的なものとはみなされず、逆に建設的な取り組みと受け取られたのだった。

万一あなたのほうがまちがっていたら、直ちにそれを認めよう。スティーヴが密かに考えていたことがまちがっていたとしよう。上司のプランに彼が思ったような欠点はなかった。欠点をあぶり出すはずの質問に対して、上司はその人がまったく正しいことを証明する返答をした。そのときスティーヴは、二人がその後もいい関係でいられるように、デール・カーネギーのアドバイスに従った。「もしあなたがまちがっていたら、そのことを直ちに、はっきりと認めなさい」。それでも上司はあなたがそのプランについて真剣に考え、懸念を抱き、代案さえ用意したという事実を高く買うだろう。またあなたが自分の誤りをいさぎよく認めたという点も評価するはずだ。世間には、まちがっていることがとうに証明されているのに、自分の説が正しいと言い張ってきかない人が大勢いるのだから。

小さいことでいちいち反論しない。たとえばポールは細かいことにやかましい。どんなことにも欠点をみつけだして、オニの首でも取ったように騒ぎ立てる。上司の提案にほんのちょっとでも承服できない点があると、すぐに議論をふっかけにいく。そんな具合だから、上司をはじめ職場の誰もがだんだん彼を煙たがるようになった。反論するのは、本当に重大なことだけにしておくべきだ。

上司の要求をふだんから知っておく

上司の考え方を知っていれば、ノーと言わなければならないときが少なくなる。新卒で就職したリリアンは、新進気鋭のマネジャー、ケアリーの管理補佐に採用され、ほんのしばらくのあいだにその上司にとって、なくてはならない人間になった。年月がたち、ケアリーが新社長に選任されると、その右腕としていっしょに出世の階段を登ってきたリリアンは、執行副社長に昇進する。業界紙の取材を受けたリリアンが、その目覚ましい出世の理由をたずねられ、こう答えている。「長くいっしょにいれば、上司の要求がわかります。ケアリーが何をしようとしているか予測がつきました。だから前もって調査したり、データを入手して分析しておいたりして、そういうものが必要になるときのために用意しておいたんです。彼が何か決定を下すときのためにね。彼や会社が関心をもっている重要案件はつねにすべて把握していました。そのおかげで彼が昇進したときに私もいっしょについていけたし、いまもこうして彼のために働いているわけです。いまでも同じようにやっていますよ。私の部下にもそういう仕事のしかたを教育しました。私も上司と同じくらい自分の仕事が効率的にできるようにね」

新しい上司についたら、その人が部下に本当に求めるものは何かを探ってほしい。どういう方法で？　まずは本人に**たずねる**ことだ。たいていの上司は教えてくれる。そして**観察する**。上司が何をしてほしいのかを見て取って、それに応えればいい。**考える**ことも必要だ。上司の行動と反応を分析すれば、自分がどうするのがいちばんいいかがたいていわかる。そうやって知ったことをあなたの仕事に活用すれば、上司は大いに自分の仕事がしやすくなるだろう。これはあなたと上司のどちらにも、より幸福で、より生産的な職業生活をもたらす方法だ。

じょうずに反論する六つの秘訣

1◈不確かなことは、相手に有利なように解釈する。たとえば、その人がそのように乱暴な一般化をするのは、本当に無神経だからではなく、たぶん過去の辛い体験から過剰反応をしているのだろう、というように。

2◈相手に有利な解釈をしたうえで、話に耳を傾け、その人がなぜそのような信念をもっているのかを十分理解する。あなたが話を真剣に聴き、その人の身になって考えようとしていることが相手に伝わるようにする。

3◈反論するときには、つねに自分の感情を把握している。つねに「私は……」で始めるように注意する（日本語の場合は、主語が実際には口にされないこともある）。「あなたは……」で始めると、相手を責めているように聞こえ、相手はたちまち防衛的になって、あなたの意見に耳を貸さなくなるかもしれない。

4◆〝クッション〟を使う。異なる意見を出すまえに「……だというのは、よくわかります」「……というのはいい考えだと思います」といった、相手の意見に敬意を払う一言をはさみ、ショックをやわらげる。このときも「あなたが」でなく「私が」というかたちで話を始める。そうでないといかにも対立的になる。

5◆「でも」や「しかし」を使わない。クッションを使ったら、そのあとは「そこで」や「また」を使うか、ちょっと間を置くだけにする。せっかく相手の見解を認めたのに、そのあとで「でも」や「しかし」を使ったら何にもならない。

6◆異なる意見を述べるときは、事実や数字の適切な証拠をそえる。また、つぎのような公式を使って話を整理しておき、感情的になるのを避ける。

a◆**私は**どう考えるのか？（「私は異なる見方をしています。というのも……」といったように「私」を主語にして話を始める）

b◆**私は**なぜそう考えるのか？

c◆**私は**どんな証拠をもっているか？

不思議なのは、犬をしつけるときの常識を、
なぜ人間には使わないのかということだ。
なぜムチでなく肉を使わないのか。
なぜ非難でなくほめ言葉を使わないのか。
どんな小さな進歩でも、ほめようではないか。
それだけでその人間がもっと進歩しようという気になるのだから。

デール・カーネギー

懲戒処分をどう行なうか

管理職が部下の不服に遭いがちなのが、部下が命令や規則に従うのを怠ったときだ。「懲戒」という言葉を耳にしたとき、頭にパッと浮かぶ同意語は何だろう？　ほとんどの人が「罰」と答えるだろう。私たちはずっと懲戒を、会社の規則を破ったり職務怠慢だったりする従業員を罰することだと思ってきたが、その言葉をちょっと見直してみよう。「懲」は懲《こ》らす。過失などを後悔して、二度としまいと思わせること、つまり「懲りさせる」ことである。「戒」は戒めること。すなわち諭す、注意を与えることである。となれば懲戒とは過失から「学ばせる」ことだ。懲戒とい

う行為を罰ではなく学習の機会とみるなら、そこからずっと価値あるものが得られるだろう。
懲戒処分の第一段階はたいてい口頭での、または言葉による警告で、ふつう譴責《けんせき》処分と呼ばれる。譴責の目的は、従業員として望ましくない行動を取っていることに本人の自覚を促すことだ。

◆◆◆ラポール(信頼関係)を築く

ハリーは遅刻をする癖があった。時間どおりに職場に来られないことを除けば優秀な社員で、会社にとって貴重なだけでなく出世も夢ではない才能の持ち主だ。上司のステファニーはすでに遅刻について注意しており、彼も改める約束をした。しかしそれでもまだ遅れて来る。会社の規則では三回遅刻したら譴責処分ということになっており、今日がその三回目だった。

譴責は、違反が起きたあと、できるだけ早く実行するべきである。また内密に行なう。**他人の目のあるところで人を叱ってはならない。**叱られている本人だけでなくまわりで見ているほうも、気まずく苦々しい思いをする。

ステファニーはハリーを会議室へ呼んだ。譴責は非難から始めてはならない。「どうしていつも遅れるのよ！」と頭ごなしに叱りつけたりはせず、ステファニーはハリーの気持ちがほぐれるように、まずいい情報をもち出した。「ハリー、先週もらったレポートはとてもよかったわ。金曜日にあった経営委員会との会議で、あのデータを使えたのよ。あなたはうちのチームになくてはならない人ね」。ハリーは自分がレポートの件で呼ばれたわけでないのを当然知っているので、ステファニーはすぐ本題に入る。「でもねハリー、私たちはやっぱりチームだから、メンバー全員が定刻に集まっていないと仕事がはかどらないのよ」。そして質問をする。「これから時間どおりに会社へ来られるいい方法がないかしら?」。なぜあなたは遅刻するのかとステファニーが問い詰めなかったことに注目してほしい。その質問はあらゆる言い訳の扉を開くだけである。原因ではなく解決法に焦点を合わせることで、より建設的な返答が引き出される。

◆◆◆言い分を聴く

それでもときには酌量すべき情状があるので、ハリーに何か言いたいことがあれば、聴いてやらなければならない。話したいだけ話させよう。話を妨げてはいけない。身を入れて聴こう。そのあとその話について質問をする。質問するのは話をより正確に聴き出すためで、相手を信じていないような嫌味な質問であってはならない。遅刻の裏側にもっと複雑な問題があるときは、本人の話を聴くことで現状に対する解釈が変わるかもしれない。

決して口論したり、かんしゃくを起こしたりしないように。譴責する管理職はあくまでも理性的でなければならず、感情的になってはいけない。**つねに問題自体に――人にではなく――焦点を合わせよう。**「ハリー、あなたは責任感がないのよ」ではなく、「チームの誰かが遅刻すると、チーム全体の仕事が遅れる」といった言い方にする。

相手の話をさえぎらない

相手が何を言うかを早々と予測して、話が終わるのを待てない人が大勢いる。そういう人は頭のなかで勝手に結論を出しており、問題を誤解しているかもしれない。もしも相手の話をさえぎりたくなったら、舌を噛んでがまんしよう。思ったような筋書きでないこともしばしばだ。

議論に勝つ唯一の方法は、議論しないことだ。

デール・カーネギー

本人に問題解決のチャンスを与える

ハリーはステファニーから「時間どおりに来られるいい方法がないかしら?」とたずねられた。解決策をみつけることが本人に委ねられると、相手から信頼されていることが伝わるだけでなく、自分で問題を考え、自分で決心しようという意欲がわく。人間は人から押し付けられた策よりも、自分の提案のほうにより肩入れするものだ。

問題が仕事の能力に関係しているときもある。その場合は従業員の力不足に対して、管理者が具体的に注意を促さなければならない。そういうときは前向きな言葉で改善のための提案をしよう。「きみの仕事はなってない」的な言い方ではいけない。基準に達していない仕事の実例をしめすほうがずっといい。そして、その力不足を克服するのに何ができるかを本人にたずねよう。あなたがその人を信頼していることをあらためて伝え、支援する方法があれば提案する。譴責の目的は、彼らがよりすぐれた従業員になるのを手助けすることであるのを忘れてはならない。

◆前向きな言葉で話を終える

遅刻しない方法を上司から求められたハリーは、目覚まし時計を六時一五分にセットすることを約束する。それまでのように六時三〇分では、電車が遅れると遅刻してしまうからだ。ステファニーも、それで問題がある程度は解消されるだろうと思った。「ハリー、私はあなたがこの約束を守ってくれると信じているわ。これからはきっと時間どおりに来てくれるわね。あなたはチームにとって重要な人だもの。頼りにしていますよ」

譴責はほとんどどの会社でも始末書を取るので、その処分を受けたことは永遠に記録に残る。譴責のやり方そのものは会社によって異なるが、いずれにしてもその目的は、従業員の現状が大きな問題に発展するまえに、本人の自覚を促すことである。譴責がすんだら、あとは本人にあらゆる成功の機会を与えなければならない。すでに改められたことについて、くどくどと話をむしかえしたりするのは賢明でない。小言は恨みを買うだけで、好ましくないふるまいを改善することはほとんどない。

何より重要なことは、譴責を受けた従業員に支援の手を差し伸べて、その処分につながった問題の克服を手助けすることである。そうすることで協力的で有能な部下が育ち、あなたの職場のかけがえのない資産になる。

建設的に批判する九つの秘訣

デール・カーネギーが、怒りを招かない批判のしかたをつぎの九点にまとめている。


1◆あらゆる事実を入手する。

2◆迅速に、内密に本人と話をする。

3◆人ではなく行動に焦点を合わせる。

4◆まず相手を心からほめる。

5◆まず相手の気持ちになり、それから批判する。自分の同様の誤りを打ち明け、どうやって克服したかを話す。

6◆批判の目的を見失わないように注意する。

7◆人づき合いのスキルを活用する。命令するのではなく助言する。

8◆行動を改善するとどういう利点があるかをしめす。

9◆明るい友好的な調子で話を締めくくり、改善へのプランに同意する。

批判を学びに変える

批判されるのが好きな人はいない。これまでにこんな言葉を何度聞かされたことだろう――「こんなことを言うのも、あなたのためを思ってのことよ」「きみはよくやった。だがね……」。あるいはもっと率直に「あなたのおかげで台無しよ！」

私たちは幼いころからつねに批判されてきた。両親にも親類にも、先生にも、上司にも、はては赤の他人にまでも。完璧な人間はいない。だから批判は私たちが誤りを正し、行動を変え、進歩できるようになる一つの方法だ。人生に不可欠な要素であって、もし適切になされるなら、人の成長と成熟に重要な役割を果たすだろう。しかし批判はしばしば残酷で、人は打ちのめされる。

もちろん自分のまちがいを正すには、それに気づかせてもらわなければならない。しかし思いやりのない無神経な言葉をあびせられると、自分がまるで無能な愚か者に思われるだけで、やる気などどこかへ消えてしまう。

デール・カーネギーはこう忠告する――「批判しない。非難しない。小言を言わない」「人をとがめるかわりに理解しよう」。しかしあいにくなことに人を理解しようとする人は多くない。相手の気に入る仕事ができないと、たちまちとげとげしい言葉が飛んでくる。そんな相手の人柄を変えることも私たちにはできない。できることは、私たちがその批判を建設的に受け止めることでである。

「それは私のせいじゃありません」とロイスはすすり泣いた。「私はそんなことしていません」。

否認も責任をよそへ押し付けるのも、ごくありふれた反応だ。確かにその人の責任ではないこともあるが、否認が口から自動的に飛び出すことも多い。「悪いのはあなたです。私はあなたに教えられたとおりやっただけだもの」。批判した人に責任を投げ返しても問題は解決しない。

失敗の責任を他へ押し付けようとするのは人間の正常な反応だ。いたずらを見とがめられた幼児は、とっさに他の子供を指差して罰を逃れようとする。多くの人がこれを大人になってもやっているわけで――ときにはやりおおせたりもする。

私たちは大人として自分の誤りに説明責任があり、批判を学びの方法とみなすべきである。まちがったことをしたときは、成熟した人間として訂正を受け入れなければならない。しかしこの批判がしばしば無神経に行なわれるものだから、怒りが思考力の先に立ってしまうのだ。

批判されるとたいていの人が、批判されたそのことよりも批判した人のほうに反応する。その相手が上司のことも多いだろう。あなたの頭にはこんな言葉が渦巻くかもしれない。「最低の上司よ！」「こんな会社、入るんじゃなかったわ」「これはフェアじゃないだろう？」「おぼえてろよ」「わかりましたよ、おっしゃるとおりやればいいんでしょう？　ま、てきとうにやっておくさ」「フン、泣きついてきたって知るもんですか」

なぜ上司は批判するのか

こういうネガティブな考えは何も解決しないばかりか、あなたを惨めにするだけである。デール・カーネギーは批判をする人に、批判される側の人間のことを理解するようつとめよと忠告したが、その逆も大事である。批判する人間のことを理解するようつとめることも必要だ。

ジャックは、なぜ部下にひっきりなしに小言を言っているのかとたずねられ、それが上司の仕事だからと答えた。それまで仕えてきた上司が批判し、非難し、小言を言う人ばかりだったので、人を監督するとはそういうものだと思い込んでいたのだ。

完全主義者のエルザは、自分の高い基準を満たせない部下にがまんがならない。何でも手早く正確にこなせない部下を見ると、つい声を荒らげたり嫌味を言ったりしてしまう。もしもあなたの上司がこのジャックやエルザのような人なら、こちらがずたずたにならないように、彼ら流の批判をうまく受け止める方法を学ぶことだ。

批判から学ぶ

批判されることを仕事の一部として受け入れよう。批判は学習過程の一つである。私たちは自分のミスを指摘してもらわないと学ぶことができない。本当は建設的なやり方で気配りをもってそうしてもらいたいのだが、多くの上司はそうできないのが現状だ。こちらが上司の批判のしかたを変えることもできない。変えられるのは、私たち自身がそれをどう受け止めるかだ。批判を、心を傷つけられる経験ではなく学習経験と見られるかどうかは、まさに私たちしだいなのだ。

批判を個人攻撃と受け取ってはならない。批判されたのは、あなたのしたことであって、あなた自身ではないことを思い出そう。ほとんどの上司はあなたを傷つけたいとは思っていない。ただ状況を改めてもらいたいだけなのだが、あいにく気配りがないために、そうは見えないだけなのだ。あなたが愚かなのでも無能なのでもない。批判されたのは仕事であって、その仕事をした人ではない。そう考えて、感情的にならないようにしよう。

批判のなかに何かよいものをみつけよう。真に成熟した人間は、どんなに意地の悪い批判からでも何かを学ぶものだ。あなたへの批判が、自分では気づかなかった弱点やミスや誤りに気づかせてくれたら、たとえ初めは傷つけられても、その批判からおおいに学んだことになる。受け取った教訓だけに注目し、受け取った方法は忘れよう。

上司があなたの成功を望んでいることをおぼえておこう。管理職は担当部署の成績で技量を判断される。だからあなたが成功しなかったら、彼は評価を落とすことになる。確かにやり方はうまくないが、批判は長い目でみれば、あなたと上司のどちらにも利益をもたらすのだ。

◆◆◆批判が不当に思われたら

ブライアンは本当に腹が立った。彼が責任者になっている企画の、ある判断がまずいと言って、部の全員のまえで上司に叱りとばされたのだ。同僚たちからバカなやつだと思われたのが悔しいだけでなく、彼はその判断が正しい根拠にもとづくものと信じていた。唇をかんで部屋を出て行ったブライアンは、これはもう会社を辞めてやるしかないと思った。「もうあんなやつのためには働けない。ぼくに不当な汚名を着せて、友達のまえで恥をかかせるなんて！」

しかしいくらか気が鎮まると、ブライアンは自分の反応をふりかえった。確かに上司はまちがっている。だが会社を辞めれば、彼より自分のほうがずっと痛手を受ける。あの判断は正しかったと自分は信じているが、上司は意見を言って当然だし、結局のところあの企画は彼に責任がある——。

ブライアンは批判を受け入れ、上司をいつまでも恨むのはやめようと思った。気を取り直して企画を考え直し、自分の判断の根拠について上司と理性的に話をした。そしてたがいに受け入れられる解決をみつけだした。それは二人のどちらの初めのアイディアより、ずっとすぐれたものだった。もっと重要なことは、上司の批判のしかたがいかにまずくても、それを上司との人間関係に作用させないことがいかに大事かをブライアンが悟ったことだった。

批判されたときの心得として、デール・カーネギーはつぎの八点をあげている。

◆落ち着いて話を聴き、相手に最後まで話をさせる。

◆何をどう批判されたのかを自分が十分理解したかどうか確認する。
◆自己改善と変化に柔軟な姿勢をもつ。
◆善意の批判であることを信じる。
◆防衛的にならない。
◆言い訳をせず、事実のみを提示する。
◆学ばせてもらえたことに感謝する。
◆改善策に同意する。

まとめ

批判にかんするデール・カーネギーの原則に従い、部下や同僚との人間関係を、より愉快で生産的なものにしてほしい。

◆議論に勝つ唯一の方法は、議論しないことである。
◆相手の意見に敬意をしめす。「あなたはまちがっている」と言ってはならない。

◆相手の立場でものを見ることに真剣に努める。
◆相手の身になり、その人の考えと欲求を理解する。
◆人ではなく問題に焦点を合わせる。

第9章 よりよい接客をするには、されるには

企業の経営者が日ごろ耳にするさまざまな苦情のなかでも、つねに上位を占めるのが接客態度の悪さである。店員に無視された、商品知識が不十分、何かたずねてもロクに返事もしてくれないといった「お客様の声」がいっぱいなのだ。槍玉にあげられるのは店員だけではない。受付の案内係、お客様相談係、修繕窓口や出張修繕サービスの係など、顧客やクライアントに直接応対する人々のすべてに対して同様の苦情があがっている。もちろん彼らの側に落ち度がある場合が多い。だがときには顧客自身に問題があることもある。

顧客との良好な関係は接客から

全国的な靴のチェーン店の社長が、顧客の一人からこんな手紙をもらった。

「今朝、表通りにあるお宅のお店の前を通りかかったときに、ウィンドウに好みの靴があるのをみつけました。店に入り、店員さんを探したところ、二人の若い女性が奥でコーヒーを飲んでおしゃべりしています。私はそこに数分立っていましたが、どちらも来てくれないので、こちらから行って、お願いしますと言いました。一人が面倒そうにコーヒーカップを置き、『何ですか』とぶっきらぼうに聞くので、ウィンドウにある靴を見せてほしいのだと言いました。するとその人は私のサイズを聞いただけで、何も言わずに奥へ行ってしまい、それきり戻ってきません。私は少なくとも一〇分以上そこに座っていました。そしてやっと戻ってきたと思ったら『そのサイズはありませんでした』と言っただけで、またお仲間とのおしゃべりに戻ってしまうではありませんか。靴はよその店で買いましたからもういいのですが、あなたのお店の人がお客をこのようにあつかっているということを知っておかれたほうがよいかと思ったしだいです」

その女性がその店には二度と行かず、友人に推薦しないのも明らかだ。会社は自分のところの製品を買ってもらおうとして巨額の宣伝費を投じるが、一人の店員の接客態度のまずさで、そのすべてがふいになるのである。

家に誰かを招くときは、どのように応対するだろう。ピンポンが鳴ってから玄関へ迎えに出るまでに、客を五分も待たせておくだろうか。ドアを開け、何かわけのわからない言葉を発するのか、それとも大喜びで家へ迎え入れるのか。また客が帰るときは、別れのあいさつもなしに送り出すだろうか。あなたの店へ来る客は、あなたの家へ来た客と同じである。彼らを歓迎し、来てくれたことに感謝を表わし、つぎに来たときもきっと歓迎されると確信させなければならない。

お客様相談窓口

今日では多くの会社が、顧客との接触の多くを電話に頼っている。客は「カスタマーサービス窓口」や「お問い合わせ窓口」に電話して、商品についての情報を得たり、注文した商品がいつ配達されるかをたずねたり、注文品について苦情を述べたりする。

多くの会社が自動応答システムを採用しており、電話に出るのは人間ではない。客が数ある選択肢のなかから自分の目的に合うところを選ぶと、そこへ電話がつながる仕組みだ。これがしばしば担当者とじかに話し合いたい客の反感を買っている。賢い会社は、顧客がこの自動システムを通らずに、本物の人間と容易に通話できるような仕組みを使っている。

もしあなたがその本物の人間だったら、客に声の笑顔であいさつし、歓迎していることを伝えてほしい。どういう問題かを判断し、状況を明確にする質問をして、どうすれば解決するかを告げる。あなた自身が解決できないときは、担当者や、誰か力になれる人間に電話を回すか、もっと調査したうえで後刻あらためて連絡を取ると言おう。具体的に時間を告げ、そのとおりにする。

人を批判したり非難したり、小言を言ったりはどんな愚か者にもできる。しかし人を理解し、ゆるすことには人格と自制心がいる。
デール・カーネギー

怒った客に応対する

「苦情相談窓口」をあつかった一コマ漫画を見たことのある人は多いだろう。たいていは苦情係の店員が、ものすごい形相の客に詰め寄られ、震えあがっている場面だ。苦情窓口を実際に設けている店や会社はあまりないが、仕事上、顧客に接する人は、こういう怒った客をはじめ、どんな人にも適切に対応して問題を解決する用意がなければならない。ではこういう状況には、どう対処するのが最もいいのだろう。

◆◆◆冷静さを失わない

客が怒ってわめいたりどなったりしだしたときに、いちばんいけないのは、どなり返すことだ。もちろん、こちらも頭に血がのぼって当然だが、それでは問題は何も解決しない。客に何か言うまえに、昔からよく言われるように、少なくとも一〇まで数えよう。口を開くと、つい声が大きくなるだろう。それが怒りの自然な発露というものだ。声をいつもどおりか、心していつもよりもっと低く抑えよう。あなたが穏やかに話せば、相手の怒りも自然に鎮まって、おたがいに分別をもって話し合えるようになる。

議論は決してしてはならない。デール・カーネギーは「議論に勝つ道は天下にただ一つ。それは議論を避けることだ」と言っている。

言いたいことをすべて言わせる

苦情をもち込んできた客には、こちらから何か言うまえに、言いたいことをすべて言ってもらうことが大切だ。話を全部聴き終わらないうちに、何が問題なのかがわかってしまうかもしれないが、それでも相手の話をさえぎってはいけない。理由の一つは、その状況にあなたの予測をこえる何かがあって、終わりまで聴かないとそれがわからないかもしれないから。そしてもう一つの理由は、ある重要な心理現象のためである。これは不満を抱えた人——顧客、従業員、家族、その他誰でも——をあつかうときには、つねに念頭に置いてほしいのだが、そういう人は自分の言いたいことを洗いざらいぶちまけてしまうまで、他人の話がいっさい耳に入らないのだ。だから、相手に胸のなかのものをすべて吐き出させてしまうのが得策だ。心理学者はこれをカタルシスと呼んでいる。そのあとなら、相手はあなたの言うことに心を開いてくれるだろう。そこで初めて質問をする。質問をとおして、あなたがあらゆる事実をつかんだかどうか確かめよう。その状況を相手がどう感じているかといった無形の事実も見逃さないようにする。

◆どうしてほしいかを顧客にたずねる

「どのようにさせていただいたらよろしいでしょうか」と客にたずね、考えを聞かせてもらうのが得策だ。

マージは困った。ある女性客が、以前に買った器具がちゃんと作動しないとわめきたて、そんな劣悪な商品を売った会社を訴えてやると息巻いているのだ。自分の息子は弁護士だから訴訟を起こすのにお金はかからないと言い、本当にそうしそうな勢いだった。マージは会社が訴訟を避けたがっているのを知っていた。費用がかかるというだけでなく、たいてい悪い評判がたつからだ。「わかりました、品物は引き取らせていただきます。保証期限が切れていてもかまいません」と思わず言いかけたが、そのまえにとふと思ってこうたずねた。「では、どのようにさせていただいたらよろしいでしょうか?」。それまでものすごい剣幕でまくし立てていた女性は、ふいに黙ると、こう言った。「そうね、だったら修理の人をよこしてちょうだい」。それはマージが最初に考えたことより、ずっと費用がかからなかった。

◆相手の身になる

客の立場でものを見よう。相手の身になって考える。相手の身になってみよう。相手の気持ちになってみよう。ＣＤプレーヤーを買ったジョシュは、すでに買ってある新しいディスクを聴くのが楽しみだった。プレーヤーを注意深くステレオ装置に接続し、曲が流れ出るのをわくわくしながら待った。だが、いくら待っても何一つ聞こえてこない。がっかりした。交換してもらうには、昼休みのあいだに行って帰ってこなければならない。なのに店では、まるで永遠に待つかと思うほど待たされた。もしあなたが彼なら、どんな気持ちになるだろう。あなたの前でどなっている彼、わめいている彼の気持ちを察してほしい。「お怒りはもっともです。こんな目にあえば、誰だって怒りますよ。いますぐ新しいものをおもちします。もし二、三分お待ちいただけるなら、問題がないかテストさせてください！」

だいたいに人間が好きでないというなら、
その性格を改善する簡単な方法がある。
人の長所を探せばいい。
いくつかは必ずみつかる。

デール・カーネギー

◆◆◆本当の問題を聴き取る

　スティーヴはかんかんだった。上司に言われた締め切りに間に合わせるには、他社に注文したデータを今朝までに受け取っていなければならない。その会社に電話したときには、必ず着くという返事だったのに、昼になってもまだ配達されて来なかった。彼はまた電話した。その電話に出た顧客サービス係のローラは、本当のプロだった。彼に会社の無能さを好きなだけののしらせると、言い訳をするかわりに、自分がいま何をしたら彼の役に立つかをたずねた。スティーヴはデータを直ちに送れと要求する。だがそれは翌日まで不可能だ。ローラはスティーヴの話を辛抱強く聴き、注文されたデータの一部を至急発送すれば、彼が上司に叱られずにすむということを理解した。そして直ちにその手配をした。スティーヴが本当に気にしていたのはデータではなく、上司の圧力だったのだ。

接客の心得

　ある公益企業の顧客サービス部でマネジャーをつとめるシャリィは、部を監督するだけでなく、問題をもち込んできたとくに難しい人々に自ら対応している。怒った客のあつかい方を部下に指導するときは、つぎのような「心得」をしめしている。

できればお客様に座ってもらう◆人間は立っていると気も立ちやすい。座ると身体がらくになって、気持ちもほぐれる。客のほうに少し身体を向けて並んで座ると、親しみがわく。

目を合わせて話す

微笑みをたやさない◆微笑むという「技術」について一言そえておこう。私たちはまず世間と人々に誠実でなければならず、そうでないかぎり、にこにこしても効果はない。しかし、ちょっと微笑んでみるだけのことが役に立つのは確かである。なぜなら微笑みかけると、相手は幸せを感じ、その温かい気持ちがこちらに作用するからだ。つまり相手の心にうれしい気分を発生させると、あなたもうれしくなり、その微笑みはたちまち本物になる。

誰かに微笑みかけるときは、
その人を多少なりとも好きだということを暗に伝えている。
相手もそれを感じて、あなたをもっと好きになるだろう。
いつも微笑んでいるよう心がけよう。
それで損することはひとつもないのだから。

デール・カーネギー

平静を保つ◆客がかんしゃくを起こしたときに、こちらが反応しないと、声がますます大きくなる。そういうときは、客の目を見て「お待ちください」ときっぱり言う。たいていの人は驚いて一瞬黙るので、かんしゃくがふたたび始まるまえに、問題を解決したい気持ちはこちらも同じであると穏やかに告げる。そのあと事態について具体的な質問をする。そのようにすることで落ち着いて、きちんとした話し合いができる。

お客様と議論しない◆辛抱強く、身を入れて話を聴く。客の要望をこちらで言い直し、「問題はこういうことですね?」とたずねて確認する。そのあと、これからどうするつもりかを伝える。

目的は問題の解決であって、客を言い負かすことではないのを忘れてはいけない。客の要望をつねにすべて聞き入れられるとはかぎらない。しかし注意深く話を聴き、丁重に対応することで、客は自分の苦情が正当にあつかわれたという気持ちで帰っていくだろう。もっと重要なことは、その後もあなたのところをひいきにしてくれるだろうということだ。

「お客様はつねに正しい」

この言葉は誰でも聞いたことがあるだろう。意味はおそらく実際のサービスにもまして接客態度が大事だということだ。もちろん客がつねに正しいとはかぎらない。日ごろ接客に当たる人なら誰でも証明できる。しかし真偽の不確かなときは、客にいいように計らう、これは商いの鉄則だ。

もし客の側が明らかにまちがっていて、筋のとおらない要求をされた場合は、販売係や接客係は、本当のところを理解してもらえるように、十分な気配りをもって外交的に対応しなければならない。客にこちらの考えを理解してもらう方法については第6章が参考になるだろう。

よりよいサービスを受ける

私たちは他人の行動を変えられない。そのうえ苦情があるときやサービスを受けたいときは、見知らぬ人間が相手であって、その人が親切かどうか、協力的かどうかもわからない。変えられるのは、私たちがどんな態度でその状況に臨むかだ。よりよいサービスを受けるには、どうすればいいのかを考えてみよう。

部品のカウンターの前で、いらだった男が、カタログを調べている店員にかみついている。「いったいどれだけ待たせせりゃ気がすむんだ。ほかの客の面倒を見るあいだ一〇分も待ってやったのに、私のほしいものはまだ見つからないのか」。そしてとなりで大人しく順番を待っているジョンに向かってこう言った。「まったく最近の店員はなってませんね」。部品を取りにいった店員が戻ってきて、彼の求めるものが在庫切れだったことを伝えると、男はいきなりイスを蹴飛ばして、何かブツブツ言いながら帰っていった。

◆店員も生身の人間

ジョンはいじめられた部品係に目をやると、にっこりしてこう言った。「こういう仕事も辛抱がいるよね」。すると店員の固い表情がふっとゆるんで、背中が少し伸び、ぎゅっと結ばれていた唇がほころんだ。「なかなか大変な日もあります。お客様のなかにはぼくらを人間だと思ってない人もいますから。何でもかんでもすぐできるってわけじゃないのに。あのさっきの人、入ってきたときから感じが悪かったんです。だからほんとのことを言うと、あの人がほしいと言ったものは、あんまり真剣には探さなかったんです」

店や会社で私たちの求めに応じてくれる人たちは、彼らのことをまるで自動販売機か何かのようにあつかい、人間であることを忘れているような客に毎週何百人も出会っている。店員や顧客サービス係が失礼な接客をすることに言い逃れの余地はないが、それでも彼らがなぜ十分なサービスや、期待される応対をしないことがままあるのかを理解する必要はあるだろう。

◆店員を緊張させない

店員に対して思いやりがなく、用を頼むのではなく命令しているような客が大勢いる。店員や係員はどうしても防衛的になり、客とはそういうものだと思うようになる。この姿勢が彼らの応対のしかたに表われる。

この事態は変えられる。少なくとも私たちへのサービスや対応は変わるだろう。相手が店の販売係でも、職場へ資材やサービスを供給してくれる人々でも、電話で応対してくれる誰かでも、もしも自分が彼らの立場なら、どう感じ、考えるかを想像してみることだ。

彼らにあいさつしよう。顔や声に微笑みを表わして言葉をかけよう。何かを問い合わせるときでも、困った事態を解決したいときでも、あいさつを交わす手間ひまを惜しまないことだ。だが忘れてはいけない。彼らは忙しい。天気やスポーツのことや、どうでもいい世間話を長々としている暇はない。

ただこれだけのことでも、彼らとのあいだに緊張が起きるのを避けられるかもしれない。この人とはまあ面倒なことにはならないだろうと感じてもらえるだろう。

ハンドバッグ売り場で主任をつとめるジャネットが、最も苦手とするのは苦情への対応だ。彼女によれば、お客様は初めからけんか腰でやってくる。店員に抵抗されたり言いくるめられたりしないように、はなから相手が悪いと決め付けようという腹なのだ。ジャネットはこう嘆く。「店にのり込んでくるなり、『こんなキズ物売りつけて、どういうつもり!』なんて食ってかかられると、いっぺんに頭に血がのぼります。かっとなってはいけない、言い返してはいけないと教育や研修でさんざん言われていても、どうしても言い返してしまうんです。うちの商品にまちがいはありません。お客様の使い方に問題があったんじゃないですかって。いけないのはわかっています。でもときどきがまんできなくて」

もちろんこんな対応は店の得にも客の得にもならない。客のあなたが満足したかったら（怒りのはけ口にしたいなら話はべつだが）、まず愛想よく話を切り出そう。「お客を必ず満足させるというのが、このお店のポリシーよね。だからあたしは、こちらでお買い物することにしているのよ」。売り場主任はもちろんこの申し立てに同意する。そしてあなたの苦情に快く耳を傾け、すみやかに適切な措置をとってくれるだろう。

◆◆◆話は愛想よく始める

クローディア・Mはもうぜんと腹が立った。数百ドルもかけて防水工事を終えたのがほんの一週間前だというのに、地下室がまたしても水浸しだ。工務店に文句を言って、いますぐやり直しをさせようと電話機を取り上げた。しかしその手をふと下ろし、デール・カーネギーの忠告を思い出した。「話は愛想よく始めなさい」

まずは気分を落ち着け、おもむろに電話番号をプッシュする。まずはお天気の話だ。「トム、夕べはたいへんな嵐だったわね。雨が降り出したときはまだ外にいたの、それともお家に帰っていた?」。嵐の話題で気分がほぐれたところで本題へ。「ところで、地下室にまた水が溜まってるのよ。こっちに来ることがあったら、寄ってくれないかしら。どんな様子か見てくれるとありがたいんだけど」

トムは翌日やってきて、現場を調べてこう言った。「排水ポンプのパイプの一本が漏れてるんだ。ぼくが取り付けたやつさ。新しいのとすぐ取り替えるよ。こっちのミスだから、もちろん料金はいらないよ」

◈◆◈要求するのではなく相談する

ステートワイド・メンテナンス社の工具係のチャックは、社の修理工のほとんどから、自分がどんな部品でもたちどころに取り出せると思われていることに気がついた。「めったに使われない特殊なものは探すのに時間がかかるんです。でもすぐにもっていかないと、どやされます」

ほしい品物を探してもらうのは難しそうだと思ったら、二、三分かけて、なぜそれが必要なのかを係に話そう。そうすることで品物がみつかりやすくなるだけでなく、係は、ぜひあなたの役に立ちたいという気持ちになるだろう。チャックは要求された部材が手元にないとき、代用できるものを提案できることがよくあると言った。チャックのような係員は、いろいろな相談に応じられるよう訓練されている。人間は誰でも、自分は必要とされ、重視されていると感じたいのだ。彼らに相談して、意見や提案を求めれば、あなたの問題がより早く、より満足に解決されるだけでなく、彼らの自尊心を高めることになる。そして彼らは、ますますあなたの役に立ちたいと思うようになるだろう。

◆感謝の気持ちを言葉にする

店員や係員にとくべつ世話になったら、必ず言葉にして感謝の気持ちを表わそう。感謝されたり、ほめられたりするのが嫌いな人はいない。しかし心からそうするのでなければならないし、できれば具体的に何に感謝しているのか、何をどう評価しているのかを伝えるべきだ。たんに「よくやってくれて、ありがとう」ではなく、こんなふうに言えばもっと相手の心にとどくだろう。「私の話から問題を見抜いて、使える道具を提案してくれるなんて、きみはさすがにこの道のプロだね。おかげで本当に助かったよ。ありがとう!」

◆感謝の気持ちを文字にする

コンサートピアニストのエリカ・Pは、ニューヨーク州バッファローでのコンサート会場で、レンタルしたピアノをチェックした。だが音色に満足がいかない。スタインウェイ社に電話すると、さっそく技師が調律にやってきた。彼は一時間以上かけてその楽器をたんねんに調律し直し、エリカが完全に満足するまで調整をくり返した。コンサートが終わってから、エリカはスタインウェイ社へ手紙を書いて、いきとどいたサービスに感謝し、調律技師の努力とプロ意識を言葉を尽くしてほめた。いつかエリカがまたスタインウェイを呼んだら、まちがいなく特別あつかいしてもらえるだろう。

電話でも、じかに話をするのでも、人々との気持ちのいいふれ合いは、その日の私たちをちょっと幸せにする。サービスしてくれる人たちとのほんのつかの間の出会いでさえ、彼らの気持ちに少し気を配るだけで、はるかに満足のいくものになるだろう。そのときよくしてもらえるだけではない。つぎにその店に行ったときや、その会社に電話したときや、その人に仕事を頼んだときに、ふつうなら親友のため取っておくような温かさで応えてもらえるだろう。他人に投げかける喜びは、こちらに跳ね返ってくる。そして私たちの人生をより豊かで楽しいものにする。

まとめ

よりよいサービスを提供するにも、受けるにも、つぎのデール・カーネギーの原則が役に立つ。

◆議論に勝つ唯一の道は、議論しないことだ。
◆相手の意見に敬意をしめす。「あなたはまちがっている」と言ってはいけない。
◆もし自分がまちがっていたら、直ちに、はっきりと認める。

◆話は愛想よく始める。
◆これは人から押し付けられたのではなく、自分の考えだと相手に思わせる。
◆相手の立場でものを見ることに本気で取り組む。
◆相手の要求や欲求に共感する。

デール・カーネギーの原則

人にもっと好かれる人間になる二〇の原則

1◆批判しない。非難しない。小言を言わない。

2◆心からほめる。正直にほめる。

3◆人を心からそうしたいという気持ちにさせる。

4◆人に心から関心をもつ。

5◆笑顔を忘れない。

6◆名前はその人にとって、他の何よりも心地よく聞こえる言葉であることを忘れない。

7◆よい聴き手になる。人に自分についての話をさせる。

8◆相手が興味をもっていることを話題にする。

9◆相手に自分は重要な人間だと感じさせる。心からそうつとめる。
10◆議論に勝ちたければ、議論しないことだ。
11◆人の意見に敬意をしめす。「あなたはまちがっている」と決して言わない。
12◆自分がまちがっていたら、直ちにはっきりと認める。
13◆話は愛想よく切り出す。
14◆即座にイエスと答える質問をする。
15◆心ゆくまで話をさせる。
16◆これは人から押し付けられたのではなく、自分の考えだと思わせる。
17◆相手の立場でものを見ることに真剣につとめる。
18◆考えと欲求に共感する。
19◆高いこころざしに訴える。
20◆アイディアをドラマティックに演出する。
21◆チャレンジ精神に訴える。
22◆まずほめる。正直にほめる。話はそれからである。
23◆ミスは直接指摘せず、間接的な方法で当人に気づかせる。
24◆他人を批判するまえに、自分の失敗談を打ち明ける。
25◆命令するかわりに質問する。

26◆相手の顔をつぶさない。
27◆進歩はどんなにわずかなものでも、そのつどほめる。
「心からうなずき、惜しみない賛辞をおくる」ことを忘れない。
28◆高い評価を与え、期待に応えさせる。
29◆励まして、欠点は容易に直せるという気持ちにさせる。
30◆こちらの提案に喜んで従える工夫をする。

悩みを乗り越える基本的原則

1◆今日というこの一日だけを生きる。
2◆困難に直面したら——
a◆起こりうる最悪の事態は何かを自問する。
b◆その最悪の事態を受け入れる覚悟をする。
c◆その最悪の事態が少しでもよくなるような努力をする。
3◆悩むと、その高額のツケを健康で支払うことになるのを忘れてはならない。

悩みを分析する基本的テクニック

1◆あらゆる事実を入手する。
2◆すべての事実をはかりにかけてから決断する。
3◆ひとたび決断したら、行動する。
4◆つぎの質問を書き出しておき、それに答える。
a◆問題は何か？
b◆問題の原因は何か？
c◆どんな解決法が考えられるか？
d◆最良の解決法はどれか？

悩み癖を寄せつけない六つの心得

1◆忙しく暮らす。
2◆小さいことで大騒ぎしない。
3◆めったに起きない事態を想像して取り越し苦労をしない。

4◆避けられないこととは共存する。

5◆それがどれだけ悩む価値のあることかを判断し、それ以上に悩まない。

6◆すんだことにくよくよしない。

心の姿勢を養い、安らぎと幸せを呼ぶ七箇条

1◆穏やかで、勇敢で、健全で、希望に満ちた考えで頭をいっぱいにしておく。

2◆仕返しをしようとしない。

3◆感謝されることを期待しない。

4◆幸せの数を数える。苦労の数ではなく。

5◆人の真似をしない。

6◆失敗から学ぶようつとめる。

7◆他人を幸福にする。

デール・カーネギー協会について

デール・カーネギー・トレーニングは一九一二年、自己改善の力にかける一人の男の信念によって始められ、今日では世界中に拠点をもつ組織となって、実践を中心にしたトレーニングを行なっています。その使命はビジネス社会の人々にスキルをみがき能力を向上させる機会を提供して、強く安定した、高い利益につながる実力を身につけていただくことです。

創業当初のデール・カーネギーの知識は、それからほぼ一世紀におよぶ実社会のビジネス経験をとおして更新され、拡大され、洗練されてきました。現在は世界に一六〇箇所ある公認の拠点を通じ、あらゆる業種、あらゆる規模の会社や組織でのトレーニングやコンサルティング業務の体験を活用して知識と技術の向上に励んでいます。この世界中から集められ、蓄積された経験は、ビジネス社会に対する深い眼識となり、日々に拡大される知恵の宝庫となって、高い業績を追うクライアントの厚い信頼を得ています。

デール・カーネギー・トレーニングはニューヨーク州ホーポーグに本部を置き、アメリカ合衆国五〇州のすべてと七五をこえる国々で講座を開いています。プログラムを指導するインストラクターは二七〇〇人以上、使われる言語は二五以上。世界中のビジネス社会に役立つことに全力をあげており、じじつ修了生は七〇〇万人にのぼっています。

トレーニングの中心となるのが実用的な原則とその習得です。独特のプログラムが開発されており、人々がビジネス社会で自らの価値を高めるのに必要な、知識とスキルと実践の場を提供しています。実社会で出会う種々の問題と、効果の証明された解決法とを結びつけるデール・カーネギー・トレーニングは、人々から最良のものを引き出す教育プログラムとして世界中から認められています。

デール・カーネギー協会では品質保証の一環として、トレーニング効果の測定・評価を行なっています。現在進行中の顧客満足度に対する世界的な調査では、修了生の九九パーセントが、受けたトレーニングに満足したと回答しています。

編者について

本書の編者アーサー・R・ペル博士は、二二年間デール・カーネギー協会の顧問をつとめ、同協会よりデール・カーネギー著『人を動かす』(*How to Win Friends and Influence People*)の改訂・編者に選任されている。『自己を伸ばす』(*Enrich Your Life, the Dale Carnegie Way*)の著者であり、一五〇の業界・専門誌に毎月掲載されたデール・カーネギー特集「ザ・ヒューマンサイド」の執筆・編集も行なった。

人材管理、人間関係改善、自己啓発にかんする著作は五〇作以上、記事は何百編にもおよぶ。またナポレオン・ヒル『思考は現実化する』、ジョセフ・マーフィー『眠りながら成功する』、ジェームズ・アレン『「原因」と「結果」の法則』、ヨリトモ・タシ『コモンセンス』などのほかオリソン・スウェット・マーデン、ジュリア・セトン、ウォーレス・D・ワトルズらによる潜在性開発分野の古典的作品の改訂・編集も行なっている。

〈訳者紹介〉

片山陽子（かたやま・ようこ）

翻訳家。お茶の水女子大学文教育学部卒業。訳書はE・ウィナー『才能を開花させる子供たち』（日本放送出版協会）、J・キーオ『マインド・パワー』（春秋社）、F・ジョージ『「できない自分」を「できる自分」に変える方法』（PHP研究所）、A・クライン『笑いの治癒力』、A・ロビンソン『線文字Bを解読した男』、G・E・マーコウ『フェニキア人』（以上、創元社）など多数。

D・カーネギーの対人力《たいじんりょく》

二〇一〇年三月一〇日　第一版第一刷発行
二〇一六年六月二〇日　第一版第五刷発行

訳　者　片山陽子
発行者　矢部敬一
発行所　株式会社　創元社
〈本　社〉〒五四一-〇〇四七
大阪市中央区淡路町四-三-六
電話（〇六）六二三一-九〇一〇㈹
〈東京支店〉〒一六二-〇八二五
東京都新宿区神楽坂四-三　煉瓦塔ビル
電話（〇三）三二六九-一〇五一㈹
〈ホームページ〉http://www.sogensha.co.jp/

印刷　太洋社　組版　はあどわあく

ISBN978-4-422-10033-3 C0311

創元社刊●カーネギー関連書